# 公民不冷血

## 新世紀台灣公民行動事件簿

管中祥 主編
公民行動影音紀錄資料庫

# 進步，是要經過不斷抗爭

《公民不冷血——新世紀台灣公民行動事件簿》再版序

管中祥

二年前的今天，我們沒有想到「公民行動影音紀錄資料庫」會活下去，更沒想過《公民不冷血——新世紀台灣公民行動事件簿》會再版。

二〇一二年，「公民行動影音紀錄資料庫」面臨沒有經費窘境，下一步該怎麼走，讓我們傷透腦筋。就在舉足難前時，出版了這本書，希望把過去幾年在社運現場的所見所聞與紀錄，轉成文字，讓更多人認識台灣的真實面貌，並向這些年無私投入社會改革的行動者致敬。

當時因為不知「公庫」的未來將會如何，於是，在《公民不冷血》的導讀中寫下了「墓誌銘」：

**我們這些年的努力只是盡了作為公民的一點心力，更重要的是，我們拍攝的公民行動會在網上繼續流傳，也會是台灣民間社會進步力量的重要紀錄，「七俠和五義」的豪情義舉依然會「流傳在民間」，即便消失了，我們仍舊存在。**

《公民不冷血》出版後沒幾天，前苗栗縣長劉政鴻趁著大埔居民北上抗議的「天賜良機」，強拆張森文先生的家。一個月後，上千名憤怒的群眾衝進內政部廣場，這是台灣人民第一次「占領」政府。隔年三月，國民黨立委張慶忠荒謬的三十秒強行通過「兩岸服務貿易協議」，群眾因而占領立法院議場長達二十四天，不僅震驚全國，也燃起了人民對抗兩岸政商同盟的熱血，並且召喚出國家機器的粗暴惡靈。二〇一五年七月，一群反課綱微調的高中生占領教育部前廣場，迫使一意孤行的政府轉向，讓新舊版本並行，雖然成果並非同學所願，卻是青年力量的展現，讓社會有機會檢視，看似無害的教科書裡隱藏多少意識型態的爭鬥。

雖然部分的社會行動得到媒體前所未有的矚目。但絕大多數的社會運動卻仍遭到忽略、扭曲，但這些被遺忘的公民行動卻是台灣社會能否持續進步，能否真正對抗政商同盟的重要力量。作為以記錄台灣社會運動為職志，讓弱勢發聲、促成公共討論的「公庫」，當然不會缺席，持續記錄。

出乎意料的，與「公庫」相伴而生的《公民不冷血》一版近五千本竟然全都賣光，不知道是該感謝昏庸的政府與貪婪的財團？還是要感動公民的力量？實在讓人有點哭笑不得。不過，我們不會矯情地說：希望國泰民安，這本書不要熱賣。相反的，即使是「太平盛世」，也可能存在著各種壓迫、不對等權力關係，仍然需要公民行動持續翻轉社會，因為只有透過不斷的質疑、挑戰、辨證，甚至衝撞、抗爭，社會才會不斷進步。就如同黑人民權領袖馬丁・路德・金恩所說的：「改變不會自動到來，而是需要經過不斷的抗爭；真正的和諧社會不是爭議的消失，乃是公義之彰顯。」至於這本書賣不賣，恐怕真的不是最重要的事了。

謝謝紅桌文化的粹倫提醒我們這本書再版的重要，也讓我們能把「公民行動影音紀錄資料庫」八年來拍攝的社運紀錄，再次轉為文字，分享我們在抗爭現場所見所聞，讓公共議題、弱勢之聲，能再次有機會被知道、被感受、被理解、被反省。

新的版本，我們增修了部分篇章，補進了事件的最新發展，也新增了兩篇文章。一是從關廠工人、華隆罷工，以及國道收費員的遭遇，分析政府及資本家如何透過制度力量，讓勞工成用過即丟的免洗餐具；另一篇則是從日日春及文萌樓的爭議，探討娼妓的性權、勞動權與文化資產保存的議題。此外，也專訪了三位抗爭者，他們不是媒體及大眾眼中的社運英雄，而是在第一線捲起衣袖、彎下身軀、腳踏土地、走入群眾的行動者。

同樣的，這本書的再版，是要誠懇地告訴讀者這塊土地被忽略的公民行動與人民歷史，也要向參與進步社會運動的朋友再次致敬。

# 數位典藏的典範革命

羅世宏（中正大學傳播學系教授）

因為執行「數位典藏與數位學習國家型科技計畫」四分項子三計畫（人文與社會發展子計畫）之故，二〇〇七年底我提出公開徵選計畫主題構想書，其中一項是「公民團體行動紀錄典藏與推廣以及社區與公共參與」，嘗試徵求公民團體投入數位典藏應用與推廣計畫。當時這還只是模糊的概念，其中的精神與運作方向仍有待摸索。在公開徵選計畫主題構想書中，我是這麼寫的：

公民團體在台灣公共生活中扮演重要角色，但各種公民行動（citizen action and citizen

engagement）卻長期未受到主流媒體重視，也缺乏為其記錄保存的替代數位平台。本徵求主題為建置、維護和推廣公民團體行動影音資料庫及平台，希望能透過公民團體參與典藏的生產與更新，落實公民媒體近用權、縮短數位落差，並且拉近公民團體與數位典藏資源的距離，使公民團體能夠扮演推廣應用之推手或橋梁。本徵求主題之申請計畫，應規劃執行下列事項：

一、負責規劃、建置、維護和推廣公民行動影音紀錄資料庫，並且必須與數位典藏國家型科技計畫和本分項之主網站與入口網站彼此連結或整合。除彙整相關影音紀錄資料，予以數位化並上網，以及提供檢索、摘要和說明之外，並應依公民團體、時地、事件、議題等進行分類，且得以線上使用（查詢、檢索，並且得以線上觀看或聆聽）這些影音紀錄資料。

二、主動派員以Video或Audio的資料形式記錄公民團體公開活動（例如公民團體舉行的公開記者會、座談會、工作坊，學員講習及直接行動等社會運動）。

三、透過研習活動及線上教材，對有意願投入紀錄的公民團體提供協助，使其有能力自己攝錄記錄自身的活動。

四、蒐集公民團體或個人過去已完成之影音紀錄資料，並推動此類紀錄的公開釋出，作為數位公共資產內容的部分，經過建檔程序之後，納入影音紀錄資料庫的典藏內容，為公眾得接近使用。

此一另闢蹊徑的公開徵選計畫主題構想，很慶幸在當時得到了分項計畫主持人劉靜怡教授的大力支持，並且隨後獲得了數位典藏與數位學習國家型計畫辦公室的肯認，從而得以順利將當時還未被認定屬於數位典藏對象的公民團體行動紀錄正式納入在國家型計畫之中。

管中祥教授負責執行的「公民行動影音紀錄資料庫」就是這一系列公民團體行動紀錄典藏與推廣公開徵選計畫的「天字第一號」紀錄資料庫。從此以後，學界與社會各界開始意識到原來這些過往發生和當下進行中的公民行動是可以作為數位典藏內容的一部分的，帶來了類似「典範革命」的突破，為數位典藏挹注了新觀念和豐富的典藏資源。

由於公民行動影音紀錄資料庫踏出了成功的第一步，激勵了更多公民團體投入公民團體行動紀錄典藏與推廣公開徵選計畫，總數至今多達二十多件，包括「救災重建行動知識庫」、「小地方—台灣社區新聞網典藏計畫」、「連結過去與未來：泰武—佳平影像計畫」、「開放國會與民主2.0—國會資訊數位典藏與應用計畫」、「莫拉克水災台東原住民災區之部落公共生活參與資料庫」、「拾起散落的婦運歷史—婦運史多媒體影音教材製作及教育推廣計畫」、「鹽水溪、嘉南大圳公眾史與公民行動數位典藏計畫」、「共護台灣蛙蛙世界」、「大武山腳，數典與社區相遇—虛實跨界處，貓頭鷹聚落的協力營造」、「自由軟體公民團體運動典藏與推廣計畫」、「基進公民觀點之大高雄文化行動計畫：批判再現庶民參與文化保存之實作經驗」、「給夢想一雙翅膀—台灣弱勢族群的新希望擁抱社會的軌跡—台灣社會學會學術傳承與社群」、「建置新聞倫理與勞動權資料庫」等。

誠如數位典藏與數位學習國家型科技計畫總主持人、中央研究院副院長王汎森在〈如今，種子已經播下了〉一文中清晰指出，像公民行動影音紀錄資料庫這樣的典藏計畫，「典藏的是即時的社會運動影音資料，連即時發生的事情也可能成為典藏的一部分，可謂大大顛覆了傳統的典藏觀念。」

公民行動影音紀錄資料庫在管中祥教授的主持及其領導的工作團隊努力下，將數位典藏推向了另一個前所未有的境界，也讓數位典藏開始和台灣的公民社會之間產生了更緊密的有機連結。在此我願誠摯表達對管中祥教授及其工作團隊所付出的努力。走過五年的荊棘路，公民行動影音紀錄資料庫至今已經累積了大量珍貴的數位典藏資料，並且在台灣公民社會發揮相當大的正面作用。它雖然不是傳統意義上的「媒體」，但卻發生著「不只是媒體」的作用，讓我們看到主流媒體上看不到的社會事件，讓我們更加親近台灣多元公民社會的進步價值。

數位典藏與數位學習國家型科技計畫已經結束，但像公民行動影音紀錄資料庫這樣的公共資產，有必要繼續存在。我相信，管中祥教授和他的夥伴們此刻正在想方設法找尋讓它能夠持續發展的各種可能，但台灣社會的積極公民們也不該袖手旁觀，應合力提供公民行動影音紀錄資料庫發展的必要資源。畢竟，公民行動影音紀錄資料庫是屬於我們的共同資產，而每一位公民對它的發展也都有一份責任。

# 永不止息的影音熱情

劉靜怡（台灣大學國家發展研究所暨新聞所教授）

從解嚴前後至今，台灣的社會運動數度浮沉，然而，最近幾年的社會運動能量，卻儼然從樂生院保存爭議、國光石化事件、苗栗大埔農地事件、中科四期環評事件、台東美麗灣渡假村爭議，到近期台北華光社區拆遷抗爭，乃至於甫結束的反核遊行當中，展現出相當程度的潛力和凝聚力。當台灣社會的價值選擇日趨多元，公民意識也逐漸抬頭之際，人民自然不願繼續沉默，願意挺身走上街頭，成為社會爭議事件的參與者，明確表達對於「國家宰制」的質疑和「政府作為」的不信任。

現代公民以實際行動表達意見，具有迫使執政者不敢恣意妄為的功能，而現代公民從被動轉為主動的明顯現象，所代表的正是公民從中的不斷學習的過程，人民不再是國家所控制的「客體」。人民的覺醒和參與，不僅是成為真正公民的第一步，同時，更象徵公民監督對台灣社會和政府的防腐功能。

管中祥教授是個身體力行的傳播學者，幾乎實際參與近年來每場社會運動，也提倡並落實記錄這些「社運時刻」的理念和做法。管教授獲得國科會數位典藏公開徵選計畫的支持，花費相當心力建置並維護的公民行動影音紀錄資料庫，以訪談和影音等各種不同形式，客觀且中立地記錄公民參與社會運動的重要時刻，除了保存和傳播的價值之外，也影響更多原本「被動」的人民去關心社會議題，善盡「現代公民」在台灣這個生活共同體中應盡的公民職責。因此，我們期待經營有成的公民行動影音資料庫，能夠透過更多公民的參與和分享，引來更多公民的參與和分享，甚至，倘若大家行有餘力，更希望各位能以實際行動，支持管教授和公民行動影音紀錄資料庫。最後，我要向管教授及所有參與公民行動影音資料庫工作的同仁致敬，感謝他們如傻瓜般的無私貢獻，讓我們不但可以留住當下，也進而能對台灣的未來懷抱希望。

二〇一三年三月寫於哈佛大學客居

# 當新社運遇到新媒體

何明修（台灣大學社會學系教授）

二〇一一年，以臉書（Facebook）為媒介，全世界推動起一股社運的風潮，從「阿拉伯之春」、西班牙的「憤怒者抗爭」，到源自於紐約後來擴散到全球各地的占領運動，都可以看到網路無遠弗屆的動員力量。的確，任何一種新的傳播科技都重新界定了人際關係的親疏遠近，在寬頻網路與行動上網普及化的年代裡，我們常發現雲端上的朋友往往比每天見到的鄰居更投契。一直有一派主張認為，新科技重新形塑了既有的權力分布，使得溝通變得更容易、資訊取得更便利，因此能跨越既有的社會不平等，帶來廣泛的解放。

中研院社會所助理研究員林宗弘在晚近的《非關上網？台灣的數位落差與網路使用的社會後果》研究論文中，挑戰了這種素樸的科技烏托邦論。他分析台灣的調查資料，結果發現每天上網的時數並不會影響個人的投票傾向，以及是否參與社會運動。因此，我們不能直接假定，越常接受網路資訊的個人，越會出現自由派的政治信念。的確，林宗弘的研究提醒我們不要過度誇大網路的政治效應；事實上，從以往的電話、電影、電視等現代傳播科技的陸續問世，我們的確沒有看到它們帶來一致性的影響。

儘管如此，要討論網路與社運的關係，仍有其他有意義提問的方式。在更多時候，重點不在於「網路本身帶來何種作用」，而是「社運參與者如何運用網路」。針對網路是否有利社運動員之問題，基本上，我認為有兩個理由，可以接受審慎的樂觀看法。

首先，相較於主流的傳播媒體，網路具有明顯的去中心化的性格，因此比較不容易被統治者控制與篩選內容，同時也利於弱勢者傳遞被認為缺乏「新聞價值」的訊息。特別是在威權主義的國家，網路已經成為了一種具有高度反抗性的公共領域。近年來，儘管有層層的控制與監視，中國網民在微博（weibo），利用各種暗語與代碼迅速地交換共產黨不想要讓人民知道的新聞，或是用各種「翻牆」的技巧來取得外國的資訊，即是明顯的例子。另一個可以思考的反例是八○年代的台灣學運。在解嚴前，學運分子面臨了明的教官、訓導人員、黨部與暗的職業學生之控制，他們只能依靠少數的異議性社團、同學與室友關係進行動員。面對更廣大的校園同學，他們常採取「早安黑板」的宣傳作法，亦即在一大清早，偷偷摸摸地在教室黑板寫下批評政府的言論。可以預期的，這種前網路時代的運動方式十分沒有效率，往往在大部分同學進到教室之前，這些文字就被校方清除乾淨。

其次，網路的溝通平台也從第一代的全球資訊網與電子郵件，進展到Web2.0的部落格，以及更晚近的社交媒體。其演進的方向在於更多的互動性，資訊的傳遞也開始依循著既有的人際關係，而不再只是消散於虛無縹緲的雲端空間。相對於其他平台例如ＰＴＴ，臉書是採取實名制，因此，不負責的言論與叫罵是不太可能以高度匿名化的使用者ＩＤ發表。再者，臉書不但使得朋友知道彼此關心的議題，也可以看到朋友的朋友之動態，因此有助於串聯起關心若干社運議題的小眾群體。

社運之所以能夠創造歷史，推動社會變遷朝向進步的方向，並不是依循「少數服從多數」的數人頭遊戲規則。無論是關於都更迫遷、失業勞工、媒體自由，大部分沒有表示意見的人民並不是保守的「沉默大多數」，在更多時候，他們是不關心亦或是根本不知情。因此，成功社運的關鍵往往是在於動員出有意識的或抱持同情立場的關鍵少數，而不是說服了原先的保守派。就這一點而言，分眾化的社交媒體使得原先就存在的社運共同體（異議學生、ＮＧＯ、自由派專業人士與學者）彼此之間的團結更為緊密，而且也讓他們的訴求更能夠產生外溢作用，擴散至他們的圈外朋友。

簡而言之，當青年學生所直接感受到的世代不正義與中國威脅，巧遇了網路新媒體，其產生的結果就是一連串意想不到的新社運風潮。在未來，到底這股新生力量將會如何改變我們的社會圖象，這將會是一個具有挑戰性的知識與實踐議題。

# 導論：即便消失了，我們仍舊存在

管中祥

幾年前，公民行動影音紀錄資料庫（公庫）在鹿港辦影像培力工作坊，在一整天的影像製作課程及社會議題討論後，晚上邀請了當時還未發片的獨立樂團——農村武裝青年演唱。那是個過年前的寒冷夜晚，聽著團員們青澀卻憤怒的歌聲，讓我想起二十年前的另一個夜裡。

那時剛解嚴，熱血青年們胸懷大志，希望改變社會。雖然四處參加社會運動，也看到許多底層社會的不公不義，但，在主流媒體卻看不到這些，因為媒體掌握在黨國政體的手中。還好，攝影機剛引進台灣，包括綠色小組、第三映像工作室等另類／獨立媒體陸續出現，彷彿是街頭影像游擊隊，突破政治與主流媒體的限制，透過影像記錄社會運動風起雲湧。

許多當時的熱血中年辦起了影像游擊營隊，希望有更多人「自己做媒體」，卯上主流。當時我正值青春年少，也參加了這樣的活動，那個晚上，熱血的我們不斷想像台灣會因為我們而改變。

只是，二十年過去了，我從學生成為教授，從熱血青年變成中年胖子，台灣在民間社會的衝撞下似乎越來越民主、越來越自由，但為什麼二十年後，社會運動仍然四處興起，而我們還在辦同樣營隊，希望有更多人自己做媒體，卯上主流？台灣，真的有改變嗎？

社會的進步不是來自執政者的恩澤，也未必是來自於在野黨的監督，反而和社會運動是否興盛密切相關。不同世代的行動者在各地奮起參與改革，社會運動代代相傳是再自然不過的事，雖然，彼此面對的問題有所不同，但要求通常不多，都是希望社會能少點壓迫，多點公平正義。

一九八〇年代，長期被壓抑的社會對於黨國威權統治的不滿終於大爆發，除了要求政治民主，被壓抑的社會力量也同步解放。與此同時，跨國資本不斷向台灣叩關，要求國家退位，大開門戶，於是在兩股力量的交疊下，政府的控制力量日漸鬆動，原有的控制權力逐步轉移到民間社會及資本家手中。

黨國力量的消退，讓許多人一度以為正義和良善就要回來，再加上政黨輪替，也有人天真地認為變天之後好日子就會來臨。但，歡慶的背後卻暗藏危機。政治體制從黨國控制走向自由化，政府的管制越來越少，看起來似乎有了更多的自由，但資本主義式的發展卻為台灣帶來許多新問題。

一九八〇年代出生的年輕人和台灣的經濟自由化同步成長，他們雖未經歷過政治高壓的統治，但卻飽嚐資本主義社會帶來的惡果，而這也成了八〇及九〇後青年投入社會運動的重要背景。

伴隨自由化教育政策而來的是教育商品化：學費越來越高，教育資源更集中在少數國立大學的手上，考上大學卻未必繳得起學費，許多學生一入學就必須向銀行貸款，開始背負債務。

念大學不但沒有二十年前的光榮感，就算畢了業，也是工作難求。當下的社會體制阻斷了年輕人的未來之路，傳統王永慶式，胼手胝足的勵志故事，已是遙不可及的神話。因為再怎麼努力，就算擁有第二、第三、第四專長，只要老闆無故裁員，政府兩手一攤，相應不理，武藝高超的年輕人，一個個都成了廢柴，青年貧窮化的問題越來越嚴重。

即使如此，大學生仍是社會的優勢階級，但他們舉目所見的不只有自己未來的迷惘，更是他人真實生活的愁苦。

發展主義的思維成了執政者腦中的主流價值，這幾年財團的影響力日益俱增，企業幾乎併購了國家。政府為了興建科學園區強搶農地、強占農用水源；為了都市更新，聽從地產大亨的指揮強拆民宅；為了讓業者可以在海岸興建觀光飯店，強入原住民族的傳統領域。雖然這些粗暴的作法一一遭到法院認定違法，要求停工，但政府卻不顧法院的判決，繼續違反法律，討好資本家。

這讓未曾經歷過威權政府壓迫的年輕人，輕易地感受到當下資本主義社會所帶來的不公不義。然而，在威權主義時期，只要掩面逃避、順從權威，或許還能讓自己過個幸福的小日子。但當代資本主義的壓力卻在日常生活中隨處可見，即使是順從政商結盟的新威權體制，壓迫一樣鋪天蓋地，根本無處躲藏，到頭來只有起身抵抗，才有機會換來一絲喘息，也難怪上街抗議的人會越來越多。

於是這幾年各類社會運動又如同一九八〇年代中期一樣在各地興起，對抗的不再是過去的黨國體制，而是政商結盟的資本主義政制，以及伴隨而生的主流價值。越來越多的年輕人投入社會改革，不只是八〇後，更多九〇後的年輕朋友成為社會運動的主體，和不同世代的行動者為日益腦殘的政府帶來許多壓力。

他們聲援關廠工人，制止血汗工廠；他們走入農村，阻擋怪手入侵；他們陪伴弱者，對抗暴力拆遷；他們驅離怪獸，捍衛美麗海岸；他們主張性別多元，顛覆父權體制；他們要求自由民主，反對媒體壟斷；他們堅守傳統領域，保衛原鄉土地。

他們不分省籍、不分階級，不分性別，也不分年齡，從南到北，從左到右，在各地不斷衝撞體制，改革社會，但即使如此，現今的社會運動，仍同樣陷入八〇年代窘境，主流媒體一樣很難看見行動者的身影，因為媒體已從黨國轉移到資本家之手。如果有，大多也是被汙名的「暴民」形象。

雖然，主流媒體對社會運動依然不睬不理，但這些年民間社會「另類之聲」卻從未停止。從早期的綠色小組、第三映像工作室，到網際網路興起後的《南方電子報》、《苦勞網》、《環境資訊電子報》、《莫拉克新聞網》、《上下游News & Market》，以及長期堅守另類發聲的《台灣立報》、《破週報》、《四方報》等，這些另類／獨立媒體，不只是在彌補主流媒體的不足，在許多議題上，更率先引發社會關注，這些「沒聽過」的媒體反而成為近年來監督政府及財團的重要力量！而在二〇〇七年成立的公民行動影音紀錄資庫，正是為了回應這樣的社會需要。

公民行動影音紀錄資料庫原本是國科會的數位典藏計畫，成立的目的是要報導主流媒體忽略或扭曲的社會運動，讓公民團體的主張能清楚呈現，並且累積民間經驗，擴大社會動能。而我們也將拍攝的公民行動影片在網上傳播，並以創用CC授權條款方式[1]，方便民眾觀看、查詢、下載與使用。

公庫不只是「資料庫」，也是「另類媒體」。五年來，已拍攝累積超過一千五百則影音紀錄，遠遠超過各新聞台報導社會運動的總和，每則報導，都盡可能呈現公民行動團體的完整論述。我們拍攝的議題包括人權、司法、環境、文化、移民、移工、媒體、教育、社福、稅改、社區、民生消費、性別、勞工、兒少、醫療、和平、學運、族群、身心障礙、原住民、樂生、都更、政黨等多項主題。另外也針對重大的社會議題，如士林文林苑都更案、蘭嶼核廢料棄置、樂生保留運動、國光石化、都市河岸開發、科學園區與強搶農地等製作一系列專題報導。甚至用網路直播國光石化環評會議、「十一七農民夜宿凱道」等重大抗爭行動。

二〇一二年底，國科會計畫結束，經費終止，我們一度猶豫公庫是不是就此和其它數典計畫一樣隨風而逝？但想了又想，這是台灣社會重要的工程，即使缺乏經費，仍決定盡力延續這項艱難的工作，向公眾集資，維持獨立運作，提供人民認識社會的另類管道，為台灣的民間社會留下歷史。

我們希望能做的不只這些。於是與獨立出版社——「紅桌文化」合作，共同籌措經費、企劃製作這本書。選擇以二〇〇七年到二〇一三年間拍攝的影像紀錄，整理出重要的社會運動與大事記（編按：新版已刪除此部分），寫成專文，讓讀者了解事件的來龍去脈，並專訪參與社會改革甚深的行動者。目的很簡單——讓更多人認識台灣的真實面貌，向這些年無私投入社會改革的行動者致敬，當然，更期待的是，當你讀完這本書後，不只湧現台灣會因為我們而改變的熱血，還有卯上主流，走入社會的實際行動。

或許有一天，公民行動影音紀錄資料庫真的無法再繼續運作，也請不必覺得可惜，就如同我的老師成露茜教授曾經説過的：「另類媒體的存在是為了社會改革，而非『自我保存』，雖然經濟來源是另類媒體最大的問題，也是為什麼他們大多是短命的原因，但其與主流媒體最不同的是，即使自己不存在，也不重要，總有其他的另類媒體在各地繼續發聲。」是的，我們這些年的努力只是盡了作為公民的一點心力，更重要的是，我們拍攝的公民行動會在網上繼續流傳，也會是台灣民間社會進步力量的重要紀錄，「七俠和五義」的豪情義舉依然會「流傳在民間」，即便消失了，我們仍舊存在。

**限於篇幅，《公民不冷血》能選的議題有限，仍有許多重要的公民行動未能列上，令人遺憾，但無論如何，我們要透過這本書向所有行動者致敬與致謝！**

1 為打破傳統著作權法造成資訊流通與分享的限制，美國Creative Commons組織主張，在遵守授權條款的前提下，不需再另行取得著作權人的同意，任何人皆可自由重製、散布與利用著作。目的在降低著作物流通或使用上的法律障礙，方便彼此運用著作。

# 公民不冷血



## 土地

## 環境



## 勞工



## 族群



## 性／別

# 公民在線：社運者速寫

# 土地

像我們一般教導下一代：
土地是我們的母親。
任何發生於大地上的事，
必同樣會降臨於大地所孕育出的孩子們。
人若唾棄土地，就是唾棄自己。

——西雅圖酋長（1780—1866）

# 都更與暴力迫遷

## 被商業發展與資本主義綁架的都市規劃政策

李怡瑩

家，不僅是一種資產，更富含了深沉的情感；住宅，不僅是一間房屋，更是生存的基礎。我們很難想像自己賴以生存的家被瞬間拆除，但為公益、為建設，或依「法」規定，人民沒有權力拒絕。這樣的案例不斷在你我生活中上演。

台灣社會以資本主義為核心進行無限開發、興建，藉自由的名義追求利益的極大化，發展與開發儼然成為進步的代名詞。舉凡都市更新、捷運興建、觀光發展等皆需要土地開發，但在人口稠密的台灣，這些土地大多已有原本的利用方式，政府徵收時理應與原居民協商取得共識。然而這之間的權力關係似乎並非如此對等，處於弱勢的民眾權益往往不受重視，小小的力量團結起來仍抵不過公權力的殘酷。其實民眾並非不願意配合，但其中的作業程序、配套措施無法令人信服，甚至連政策制定都令人懷疑已被企業利益所綁架。

## 公共利益誰說了算？

台灣經歷了快速經濟成長，都市不斷擴張、各種建設日益完備，但都市發展本身有其生命周期，都市人口結構也不斷的在改變，因而衍伸出房屋老舊與環境品質等問題，市區內存在著日式時期的老舊木造平房、國民政府遷台時所興建的違章建築及各種缺乏公共設施的老舊公寓等。為了實踐永續發展的理念，都市發展不再向外擴張而是著重於品質的提升，台灣在一九九八年公布《都市更新條例》，目的是改善缺乏規劃的都市及年久失修的建築物，以全面性、有計畫的再開發利用，改善都市的空間環境並完善居民的公共利益。

房子舊換新有何不好？都市更新為何會爭議不斷？這必須從《都市更新條例》談起。依照《都市更新條例》第二十五條之一與三十六條規定，所居住的區域內若五分之四的居民達成合建協議願意進行都更，那麼即使你不願意也無法拒絕，因條文中明列實施者得以代為或請求當地主管機關代為拆除或遷移，也就是說建商可以申請政府限期內介入強制徵收、強制拆除。

《都市更新條例》的出發點並沒有錯，但現今許多都更的建案並沒有太多公共利益可言，興建的大多是私人住宅，而興建後的住宅有多少人買得起？都更後可以無條件換一棟新房子嗎？在充滿情感的舊房子住得很好，不想拆不行嗎？儘管都市更新希冀為這個社會帶來好處，但對於當地居民而言，被破壞的是當地的文化與社會網絡，以及更重要的在地情感。地價的提升，使得許多不願轉換居住環境或無力購買原居住地建物的人被迫遷離，主導都更的建商才是其中最大的受益者，這樣的都市更新並不符合改善都市環境及促進公共利益。

不過，都更的公共利益誰說了算？

二〇一二年鬧得沸沸揚揚的士林文林苑案是很好的例子。二〇〇七年樂揚建設辦理都市更新，興建住宅大樓，取得法律規定的五分之四住戶同意後，僅原定都更範圍內的王家不願參與。

王家認為在此居住已超過六代，房屋與土地皆合法取得，卻在不知情的情況下被納入都更範圍。

在協調的過程中雙方未能達成共識，故建商依法請台北市政府代為強制拆除。此爭議使此案停滯了三年，二〇一二年三月王家上訴被駁回後，台北市政府以警力驅逐現場聲援的民眾，王家建物遭強制拆除。值得探討的是，法律是否真的可以賦予政府資格，動用公權力介入私人土地與財產？公益性到底誰說了算？

即使真的符合公益性，就能任意犧牲少數人的權益嗎？另一案例，便利的交通是眾人所期待的，但取得可利用的土地時卻往往不夠周延——位於捷運新莊線的樂生院，二〇〇二年被劃為捷運機廠預定地。樂生院早期用來隔離被視為具有高度傳染性的痲瘋病人，遭汙名化的病友受到歧視、排擠，不得已在此地待了六十餘年，樂生院成為他們一輩子安身立命的家，如今卻因為所謂的現代化發展被迫遷離，在機廠捷運開發後，僅存的院區面臨走山的危機，最終的安置條件竟是搬進冰冷且不符合需求的新院區。這樣的拆遷不僅剝奪了老院民安身立命的權利，更漠視了文化意涵與歷史記憶。

近期新北市市長朱立倫大力推動捷運三環三線建構，其中捷運環狀線的第一站十四張，早期為溪邊寮聚落，在地居民賴以維生的家面臨被拆遷的命運。這裡的居民是四〇、五〇年代從雲林北上的勞動者，為了謀生在新店溪畔開採砂石，租地蓋屋安身立命，隨著地主過世土地成為國有地，居民即成為有房無地的違法占有戶。十四張居民並非蠻橫的拒絕搬遷，而是期盼有個安身立命的替代住所，能擁有承購、承租社會住宅的權利。但政府未興建社會住宅卻先拆人民房屋，沒有完善的安置條例，僅每戶發放九十萬的安置費用。台北的高房價要居民如何能另覓新屋安穩生活呢？

此開發案另一爭議點為「聯合開發」有圖利廠商之嫌。所徵得的土地，大部分不是作為捷運設施，捷運機廠只需兩公頃的土地，新北市政府卻徵收了十四公頃，在聯合開發的名義之下其餘的土地成了住宅大樓，但這些住宅卻是居民想都不敢想的天價房屋，其中工程營造費、利益分配的過程與結果都沒有公開，最終最大的獲利者不免令人質疑。

同為捷運開發爭議的桃園機場捷運Ａ７開發案，位於桃園縣龜山鄉、林口特定區計畫的東南角，為了因應機場捷運系統，將開發沿線站區周邊一百八十六點六公頃的土地以改善居民生活。

但此並非單純「為交通之便，促進公共利益」而徵收捷運沿線土地，竟是大規模開闢產業園區與合宜住宅徵地計畫，居民在財團得標之後，才收到公文得知土地將被徵收。更不合理的是賠償金並不涉及地上物，僅土地所有者能獲得補貼，且當地居民多經營小型鐵皮屋工廠，拆遷後該如何另闢廠房？

台北市為了迎接二〇一七年世界大學生運動會（Universiade）興建松菸大巨蛋，政府同樣包庇財團鯨吞松菸綠地，不顧反對聲音，強勢護航通過大巨蛋的都更審查與環境評估。造成數百株老樹死亡，原本的綠地被破壞殆盡，取而代之的是建設公司的吊臂與怪手。缺乏公園綠地的台北大都會區，必須守護所剩無幾的珍貴綠地以維持土地的透水性，但遠雄公司董事長趙藤雄卻認為在都市中心蓋公園資源浪費。此案不僅環境保育受到爭議，其中設計結構更被指大有問題，弊端百出。民眾是否真的需要這樣的大型體育館？爾後是否可能演變為蚊子體育館或商業化的音樂中心？

## 用公權力剷除人民的家園

政府冠冕堂皇的進行「改善庶民生活」行動，在東北角的農田溼地也因促進觀光之名，以每坪一千多元的低價被徵收，政府取得的私有地包括了農業特定區與景觀保護區，預定將規劃內的土地以高價售給財團興建旅館。東北角海岸風景特定區依據《發展觀光條例》，為了生態維護與景觀保持，當地民間房舍不得任意改建，限制了一般居民，但過去幾十年來卻不斷開出建商特例：興建人工養殖池、大型別墅等，居民卻只能住在殘破的舊房子。政府這次竟以社區老舊為理由，進行大規模的整體開發，透過徵收土地讓財團進駐，居民卻僅能任政府擺布。

這又是一件預先標售再徵地的案例，政府未告知居民，便先與財團協議如何使用這些土地後即進行徵地。政府以低價買進農地，卻要農民們高價再買回建地，開放認購的土地還是以抽籤的方式決定，農民無法買回原有的土地，失去耕地的農民該何去何從呢？

令人擔心的是，本案徵收範圍幾乎全在雙溪河中下游土地，是良田也是溼地的寮洋被規劃為建築用地，原本調解洪水之作用，一旦填土成為建地後若遇到大雨，居民必將為水患所苦，也將影響當地豐富的生態資源。此外，開發案緊鄰三座核電廠，若發生核災，當地居民和旅客將全淪為災民，此案開發後的安全令人堪憂。

位於三鶯橋下的都市原住民三鶯部落，政府卻以行水區不安全為由要求居民撤離，但族人依水而居確有其文化背景，多年來居住在河岸邊與自然和平共處，迫使部落族人無家可歸的並非水患，而是未經深思熟慮的公權力濫用。除了安全理由外，在法律上三鶯部落屬於違建，三十年來超過七次的拆除行動，居民原地重建抗爭到底，求的只是個能安穩居住、能以自己的方式生存的家園。

伴隨台灣數十年來的發展過程，從故土遷居都市的原住民，為了生存求溫飽離鄉背井來台北謀生，沒有能力負擔昂貴的商品化住宅，因此靠自己雙手逐步搭建屬於自己的家園，然而這家園卻飽受怪手的侵擾，一次又一次的遭到剷平。不僅三鶯部落，許多都市原住民也因各式工程規劃而面臨生存危機，如溪洲部落、小碧潭部落、撒烏瓦知部落、崁津部落等皆飽受威脅。

二〇〇七年位於捷運小碧潭站的建案「美河市」，假交通建設之名與建商進行聯合開發，但大部分的土地並未用做捷運設施，反而成為住宅，圖利建商。而在美河市對岸的溪州部落，為了河畔綠美化、為了讓豪宅有個美麗的河岸景觀，政府將部落圈劃為公園用地，使部落面臨拆遷的命運。拆除這些部落換來的竟只是標榜水岸美景的建案，及種種配合地產業者的土地增值計畫。

違建難道真的是居民的意願嗎？根據官方統計，這類的住宅在七〇年代期間就占了台北市百分之三十一、台北縣百分之四十二的歷年住宅生產總量。這樣的數據所隱含的，是台灣經濟發展造就了這類在國家法權默認下所產生的非正式住宅，以解決都會地區中下階層的住宅需求。但隨著都市發展、市場經濟與土地商品化，這類非正式住宅不再被允許，公權力往往以低廉補償金剷除這些基層人民的家園。

鄰近中正紀念堂的紹興社區也是因這樣歷史背景而成違建。隨國民黨政府遷台的低階士兵，以及台灣各地北上的城鄉移民入住此地，這些移民的勞動也對城市的經濟起飛有所貢獻。但政府長期以來的住屋政策使得他們負擔不起巨額的房價，只能安居在這樣的非正式住宅。而後此區的土地所有權輾轉為台灣大學持有，校方因醫學院空間窘迫收回土地，寄出存證信函要求一百三十六戶居民在兩個月內拆屋還地，否則校方將提起訴訟並要求賠償，追討七十至三百萬元不等的不當得利金額。

這些反覆出現的迫遷與強拆案例，所反映的不僅是弱勢民眾所受的苦境，更是訴說了整體社會的不公義。在官僚和資本家的眼裡，追求利潤才是最重要的，因此居民要對抗的不僅是財團，在大多案例中，替人民服務的政府更是成為壓迫他們的幫兇——長期縱容房地產炒作，並制定出偏袒建商的法令政策，居住正義早已蕩然無存。

政府與財團往往善於營造弱勢對立的場面，紹興社區居民與台大護理系學生、文林苑的王家與同意都更的三十六戶等，雙方都沒有錯，有問題的是台灣整體的社會發展與結構，是現行的法律制度，他們都只是在整體不正義中被犧牲的角色罷了。

## 人民的反撲

人民靠自身渺小力量組成聯盟，像是三鶯部落自救會、新北市新店區十四張捷運環狀線南機場拆遷戶自救會、松菸公園催生聯盟、台北市東門里紹興社區拆遷自救會、機場捷運A７站自救會、台灣東北角協合聯盟、台灣都市更新受害者聯盟等等，這群人努力的抗爭、表達訴求並揭露其中的不正義，就是希望官方能夠正視這些問題，並喚起更多人的關注，轉而有更多的力量投入其中。

松菸巨蛋的最後一棵老樟樹即將被移植時，引發環保團體強力抗爭——環評未過，但北市教育局仍強行移樹。松菸公園催生聯盟近十名成員圍著大樹，但警方出動近五十名員警，將多位綠黨幹部以妨害公務之嫌，架離並留置訊問。在衝突中綠黨黨員溫炳原趁亂爬上樹，要與老樟樹共存亡，他在樹上待了超過二十四小時，最終警方出動雲梯，強拉溫炳原下樹。幾天後，最後一棵老樹消失了。

對於台大校方向紹興社區居民提告，台大學生在校慶時為居民請命。校長李嗣涔致詞時，學生以快閃的方式舉著「無情台大」、「別拆我家」的標語和布條，手拉手圍成一圈，要求校方撤銷對居民的提告。但校方未有進一步協商，一年後的校慶典禮，會場內上百位學生頭綁黃色布條，身穿黑衣，拿著「挺紹興、反迫遷，立即撤告、平等協商」布條，進行無言的抗議；而會場外紹興南村居民與台大學生同樣也手舉標語高喊口號，甚至試圖抬棺入場，居民代表王常彪更在校門口靜坐絕食，誓言持續到台大撤告為止。校方請警方出動四十多名員警進入校園維持秩序，這樣粗暴的方式更是遭到外界痛批。最終，居民與台大總算達成初步共識，完成一年多的抗爭中最重要的進展。

三鶯部落自救會多年來與公權力抗爭，發起了大大小小的活動，希望喚起大家對都市原住民居住權的重視。七次拆除、七次重建，在殘破中尋求堪用的建材，一磚一瓦的搭建能遮風避雨的家園，一步一步打造屬於自己的部落。三鶯部落的居民不是天生的抗議者，但他們憑著堅定的信念，一點一滴茁壯，發展成為有組織的團體。

三鶯部落也以具體的行動捍衛家園，第一次上街頭的族人高喊「反迫遷、護家園」，並集體落髮展現決心。起初外界並未重視這樣的抗爭行動，當時媒體正關注前總統陳水扁被收押事件及野草莓運動，直至許多藝文界朋友與自救會一同走上凱達格蘭大道、侯孝賢導演為三鶯部落落髮，訴求才漸漸得到了重視。即便贏得了一次抗爭，部落依然沒水沒電，面對未來依然沒有保障。

沒有動力、看不見未來的居民更是曾在三次抗爭會議中缺席，顯現出另一個難題：部落的組織工作。

站出來抗爭，是部落的居民想都沒想過的，但面臨部落一次次的被剷平，一次次的重新開始，才一步步慢慢整合。一開始只有一兩戶參與，而後擴及全部落的四十二戶家庭，但四十二戶家庭不可能意見都相同；部落就像是國家與社會的縮影，這之中各式各樣的問題都可能存在。居民一點一滴慢慢學習，從原來不會架網站、原來不會開會，到二〇一二年，已有將近兩年的時間每個禮拜開一次會。部落成立了巡守隊，不管男女老少每一戶夜晚輪流站哨。三鶯部落這樣的凝聚力或許來自於共同認同的需求與意義，所以願意為部落付出。

三鶯反迫遷行動小組在其中扮演很重要的角色，帶領著族人舉辦各種抗爭活動、經營部落格，以及與其他公民團體合作等。三鶯部落顧問江一豪認為協助族人從無到有、從分散到聚合，自己之所以能夠促成這些改變，主因是和族人一起同甘共苦。非部落族人也不是原住民的江一豪，起初並非被完全信任，顧問其實只是一個頭銜，便於與部落族人一同對外抗爭而已。抗爭初期，什麼事情他都親自去做，寫新聞稿、找聲援的人、帶頭落髮，甚至部落重建搬運石頭等，逐漸建立信任與友誼，讓族人願意相信他並且也願意慢慢的改變自己。

然而，改變的其實不是族人的能力而是他們的意識，這些能力本來就是族人所擁有的，但這些所謂的弱勢與基層人民在原本社會結構下，無法實現想法也無法實踐其理念，因此組織者透過抗爭創造了一個空間、一個機會，以及一個讓他們重新看待自己的方式。原本，在現實社會的框架中，三鶯部落的族人似乎僅有哀傷的權利，但他們透過網際網路挑戰被異文化所宰制的主流文化與價值觀，在自救會部落格的「預知三鶯記事」中寫下自己的故事。文字中所表現的不是自怨自艾式哭泣與哀愁，而是堅強對抗的勇氣。以自主發聲與社會對話，相信自己有能力透過集體參與來改變現有的處境，讓外界可以了解他們的立場。

在新北市市長選舉之際，三鶯部落與社運夥伴們來到朱立倫與蔡英文兩位候選人的競選總部，邀請兩位候選人在兩週內能安排一次公開行程到三鶯部落參觀，深入了解都市原住民的居住困境。雙方競選總部代表都接下邀請函，並表示會積極安排，但兩個禮拜後雙方卻未曾與三鶯部落有任何行程安排的聯繫。侯孝賢、朱天心、莫那能以及數名藝文界人士，再度前往競選總部，要求兩位候選人能信守承諾，正面回應基層原住民的訴求。最後，蔡英文終於走訪三鶯部落，代表政治人物願意踏進部落，並展開對話、正視都市原住民的居住問題。而另一位候選人朱立倫也在當選後以市長身分前來。

除了對外的積極抗爭，三鶯部落至二〇一二年已舉辦了四屆的抗爭尾牙，原是為邀請幾位長期支援三鶯部落抗爭的朋友一同聚會，但各界反應熱烈因此成了族人與聲援夥伴共同歡慶的日子，透過原住民最熟悉的歌唱、烤肉等活動，除了酬謝外界的相挺，也犒賞自己這一年來的努力。

族人以感激的心付出自己的力量籌辦尾牙，這一條抗爭的路並不孤獨，感謝許許多多的朋友一同前來支援，而有進一步的抗爭能量。

目前，三鶯部落與政府協商的模式是「易地重建、自力造屋、自主管理」——向政府租一塊安適的地方，自己出錢蓋房子，接著自主管理部落，將過去傳統部落文化完全從東部搬到北部。

將來房子蓋起來後不屬於個人而是屬於部落，是大家共同擁有這四十二棟房子。為了實踐自主管理，部落所要面對的是獨立組織，不再依賴顧問或是自救會，學著自己去承擔責任並從中學習，未來的經營管理還有一段很長的路要學習；在完全完成重建計畫之前，不能輕易鬆懈下來。

由於外界的支持，三鶯部落才得以有今日的成果，因此族人更是不吝於向其他需要協助的夥伴伸出援手，除了聲援都市原住民部落，對於其他社會運動的議題也積極參與，像是新店十四張反迫遷、反文林苑都更強拆及聲援苗栗大埔農地的行動等，日本三一一大地震發生時更主動發動捐款提供協助。對三鶯部落而言，要的只是一個家，面對其他的受害者更能感同身受，這些人都是台灣失敗的土地、房屋政策的見證人，再再顯示土地分配、壟斷等問題的嚴重。

## 都更的弱勢者

將三鶯部落對比文林苑都市更新案，兩者同為現代化邏輯下都市發展的弱勢者：為了讓市容更加美觀、為了美化河岸增加土地價值，無奈的必須犧牲少數人的權利。相較於三鶯部落，士林王家引起了更多人的關注，學生、名人、媒體紛紛投入這場抗爭。

二〇一二年三月二十八日當天晚上，上百位的學生與民眾聚集文林苑，吶喊著「和平守護、強拆違憲」的口號，唱著改編的勞動者戰歌，彼此手勾手或以鐵鏈纏繞在身上，和王家的大門綁在一起。大批警力陸續到達現場，並開始進行清空作業，強行抬走在屋外靜坐的民眾而不顧他們的安全，過程中有不少聲援者受傷，如同犯人被押上公車，載往木柵與其他地區。最終，王家「家被拆、人離散」，但抗爭仍未結束。

不僅民眾投入抗爭，也有許多名人到場聲援。導演戴立忍二十八日親臨現場關切，不斷在自己臉書上發文，鼓勵更多人關注文林苑事件。而後，他也戴上手套幫王家清理家園，並與導演鈕承澤等人捐贈流動廁所。因於網路發表不利建商言論，受建商提告妨害名譽的學生黃慧瑜，戴立忍更是直接轉發同樣的文章，要樂揚建設對自己也提出告訴。許多獨立樂團與歌手如胡德夫也一起來到王家原址，以音樂接力表演聲援王家與現場民眾。

四月二十四日，王家發起「重建」工程，由王家、都市更新受害者聯盟合資，在原址搭建十坪的組合屋，希望家園能原地原屋重建。然而，抗爭期間工人與聲援者數度發生肢體衝突，樂揚建設試圖將貨櫃屋放到所有權仍屬王家的土地上、強制在土地外圍架上圍籬，甚至開怪手作勢強拆王家組合屋。許多人在這過程中掛彩受傷，而這一切，北市府始終沒能提供雙方有效協助。

二〇一三年十二月十二日，台北高等行政法院針對士林文林苑「代拆處分」做出判決，認為台北市政府依《都更條例》第三十六條規定「執行」定都市更新事業計畫內容之「結果」，且對「是否拆除」沒有裁量權，僅對「如何拆除」或「何時拆除」有裁量權，因此裁定北市府並無違法，駁回王家上訴。

二〇一四年一月二十九日，士林地院宣判王家與樂揚建設的民事「無權占有」訴訟敗訴，樂揚建設可提存一千七百五十六萬擔保金，法院就可暫時同意拆除王家組合屋。王家為抵擋二度強拆，必須得向法院提存相同金額「反擔保金」。因此在二月九日發起社會借款，兩週後達成募集一千七百五十六萬金額，三月十二日王家到地方法院提存反擔保金。

然而，三月十四日，地主之一的王廣樹獨子王耀德帶了工程人員前往文林苑工地拆除組合屋。王耀德在接受媒體訪問時表示，法院已經判王家敗訴，建商又提兩億多元的訴訟，要求賠償這兩年損失，這個遊戲他玩不起，決定拆除組合屋結束抗爭。晚間，多名王家成員發表聯合聲明，表示王家在不知情的情況下得知組合屋強拆噩耗，認為這是建商用金錢來脅迫搶地的招數。

五月二十七日，王廣樹與王耀德赴高等法院開庭後發出聲明表示，與建商樂揚建設簽下和解書，撤銷所有民事訴訟，文林苑爭議正式劃下句點。聲明書指出，小蝦米因為無力對抗大鯨魚，以及渴求平靜生活的壓力下，選擇了妥協。

都更案涉及的不僅是金錢財產上的損失，更隱含了政策層面上的問題。都更受害者聯盟彭龍三接受《苦勞網》採訪時表示：「我們關心的不只是個案，而是整個社會、國家，以及在這種都市更新邏輯下，人和人的關係。」《都市更新條例》雖然重新進入修法階段，但都更的推動並沒有減緩，建商反而在修法前加速推行。

儘管當時王家有廣大的群眾聲援與討論，在拆遷行動過後不久，此議題即迅速退燒，主流媒體不再報導，網路上討論也逐漸消失。然而都更的問題仍未解決，卻僅剩下少數關心此議題的人持續投入其中，為社會的不正義抗爭到底。我們是否真真切切的了解抗爭的理由與訴求，或僅是在媒體爭相報導之下情緒受到鼓動，但隨著時間流逝便逐漸淡忘。如何讓民眾持續的關注社會議題並投入其中，是社會運動中很重要的一個課題。

反覆出現的迫遷事件，並非只是一小群流離失所的人面臨的苦境，而是反映了整體社會的病徵。

土地的抗爭持續了多年，最後並無絕對的成敗，或許以表面的結果來看，居民的房屋仍被拆除，不當的開發案也仍然持續著，但不能否認的是這些團體的努力，喚起了不少民眾對這些議題的關注，並願意一同參與支持。抗爭運動也爭取到了更多的協商空間，處於社會邊緣的三鶯部落成為一個有指標性的個案，提供了另外一種土地利用的想像，也清楚的讓我們對照出主流社會所缺少的東西。

與其他類型的運動相比，土地問題直接影響到人民生存的基礎。我們反對的不是開發也不是現代化，而是目前的發展模式。都市空間的規劃不該被商業發展與資本主義邏輯綁架，不該僅為追求獲利與現代化而犧牲了老舊社區居民以及弱勢者的權益。城市的發展更不是一棟棟高樓大廈，其中蘊含的歷史記憶與文化意涵需要加以保存，城市空間的想像不該是如此的單一化。

土地爭議尚未落幕，人民的抗爭便會持續，希望藉由社會運動讓大眾清楚明瞭現今土地利用方式的問題，也喚起大家的注意。或許不會產生什麼立即性的影響，但如同江一豪所說：「至少可以留下一些足跡，也許幾年、幾十年後，我們回過頭來看，會知道當時，也就是現在，可以怎樣做得更好，這就是價值，讓我們至少能夠持續做下去。」

# 科學園區與農地

## 如果政府總是跟資本家站在一起，我們就要創造出不一樣的公共價值

許筱珮

從台灣早期的加工出口區到現今科學園區，都是台灣經濟發展的推手，政府提供租稅、地價和制度優惠，帶動相關產業發展。科學園區除了帶來大量經濟產值，也促成技術提升、人才培養，並提供許多就業機會。然而，三十年來政府不斷成立科學園區，使用率卻不如預期，投入高額成本加上閒置率過高，不僅造成政府的財務黑洞，在開發的過程中也向民眾徵收大量土地，特別是農村地區的農業用地，連帶影響台灣糧食生產。

近年來全球糧食產量愈趨不穩，前幾年甚至爆發全球性的糧食危機，許多國家漸漸有意識的提高糧食自給率。反觀台灣，隨著經濟發展、產業政策改變，農地逐漸消失與劣質化，務農人口逐年減少，糧食自給率已進入警戒值。然而台灣政府並未積極規劃農業政策，穩定國內糧

食生產環境，反而大舉徵收農地，變更為工業用地或都市用地。更有甚者，使用強硬的土地徵收方式剝奪人民的生存權與財產權，宣稱設置科學園區能帶動經濟成長與就業機會。這樣的說法讓人以為科學園區就代表地區發展的希望，但根據調查，全台科學園區閒置情形嚴重，並未達到最佳使用率。我們可以進一步思考，開發新的科學園區是否必要，政府積極開發的原因到底為何？

## 台灣第一座科學園區

新竹科學園區成立於一九八〇年，是台灣第一個高科技產業聚集地。這三十年來，隨著產業發展，政府積極設置科學園區，涵蓋新竹、龍潭、銅鑼、台中、台南、宜蘭等地。然而，各個地方政府設置園區，出發點並不全然是產業發展所需，而且全台各地科學園區閒置面積廣大，並未妥善規劃運用，生產效率也不如預期。開發科學園區實際上已淪為地方政府開發土地的藉口，甚至是地方派系與財團土地炒作的標的。

設置科學園區需要完整的大面積土地，台灣地狹人稠，加上地形高低起伏，公有地零碎分散，不足以完成科學園區之開發。這時候就必須向私有地地主購買土地，台灣威權時期強制徵收土地之陋習所造成的影響並未散去，土地徵收仍是政府取得土地最優先考量的方式。以正當性來看，合理的土地取得方式應該與地主協商購買。過程中或許會耗費較長時間與心力，但卻是最正確、也較不會侵害地主權利的方式。

但如今，取得土地後的用途不僅是為了開發科學園區，地目變更後的龐大利益，地價炒作、建商蓋樓，其中可獲取的暴利，或許已成為財團與政府的唯一目標。為了達成這個目標，強制取得土地是必要之前提。從近幾年的土地徵收事件來看，其徵收過程都不長，是否已跟居民妥善溝通也令人存疑。甚至不難發現，許多標示科學園區名義的土地徵收區域都在農村，土地對農民來說不僅是賴以維生的資產，也是他們的家園。然而，面對土地徵收，他們的抵抗能力也最微弱。

二〇一〇年七月十七日夜宿凱道行動令人印象深刻。這是由台灣農村陣線發起並統籌的「台灣人民挺農村」行動，來自台灣各地，同樣面臨土地被強制徵收的民眾聚集在凱道上，包括苗栗大埔、苗栗後龍灣寶等地的農民，新竹竹東二重埔、竹北璞玉計畫基地、彰化二林相思寮等地居民。雖然來自不同地方，但那天他們擁有一個共同目標，就是捍衛自己的家園，希望政府能夠聽見他們的聲音，停止一切不當的土地徵收。

他們抗議政府的不當徵收，要求暫停徵收作業並重新評估徵收之公益性與必要性、要求修改徵收惡法，並請總統與他們對話，召開全國農業與土地會議。群眾在凱道上種下來自各地農村的秧苗，將之命名為「凱稻」。活動後將這些凱稻移回農村，藉由把稻子種回去，象徵把被怪手鏟掉的田種回來，也象徵著農民盼望的土地正義。

## 惡性土地徵收

時間回到二〇一〇年六月九日清晨，好幾部怪手開進大埔農田裡「整地」，即將結穗的稻作被壓得東倒西歪，苗栗縣縣長劉政鴻派出大批警力封鎖現場，農民只能眼看著自己的心血化為烏有。然而，主流媒體並沒有多加報導這起怪手毀田事件，僅有簡短敘述出現在報紙地方版。當地居民用手機將整個過程錄下，交給公民記者大暴龍，大暴龍將影片加上文字、剪接整理後上傳至公民新聞平台，不僅出乎意料地迅速於網路上被轉貼、流傳，短時間內便廣為人知，更引起各界對土地不當徵收的撻伐聲浪。

這起事件起因於苗栗縣政府為擴大開發竹科園區竹南基地，劃定一百五十多公頃的土地面積辦理區段徵收，大埔部分民宅與農田必須拆遷，卻僅以市價的四成徵收。少數居民不願被徵收，縣府卻宣稱已依法將補償金提存至這些未繳權狀的地主帳戶，完成土地徵收程序。

整地的工程從事件發生以來，一直都沒有停過，拒繳權狀的農地，更是整地的主要對象。整個徵地過程中，政府未能與居民妥善說明、溝通，急於完成徵收的強硬手段，嚴重侵害居民的生存與財產權。同年八月三日，大埔自救會成員朱馮敏阿嬤因為不滿政府強徵農地，恐失去一生依存的土地，飽受憂鬱症折磨的她，喝下農藥自殺身亡。

台灣部落格協會發起「紀念阿嬤，守護大埔」行動，希望能為大埔居民帶來力量。他們架設網路攝影機，一方面把在地情況隨時傳到外界，另一方面也兼負看守的功能，藉攝影機讓徵收工程有所顧忌。同時，也募集青年志工到各地進行居民關懷和鼓勵。例如幫當地居民寫故事、拍照片、陪老年人聊天、教小朋友上網等等。

早在二〇〇八年，灣寶同樣也面臨土地徵收，苗栗縣政府仍是以開發科學園區的名義，向當地農民、居民徵收土地。當時縣政府欲開發後龍科技園區，計畫徵收後龍鎮三百六十公頃土地，並對外宣稱當地土質不良，不適農作，欲變更農地以利進行後續徵收程序。但實際上當地土質良好，且被編列為特定農業區，是國家環境資源的敏感區、作物生產的高適宜地區。

農委會在審查之初，認為灣寶是農業高適宜區，不同意土地變更，決議退回專案小組審查。但後來後龍科技園區開發案卻通過環評審查，引起居民不滿，並向監察院發文陳情。灣寶居民也集結北上抗議，環評委員會才決議退回專案小組再審。

整體來看，開發案有以下幾點爭議：首先，園區未來引進的產業並非經濟部認定的低汙染產業。不管是科技園區的規劃或招商，大多是引進化學材料、橡膠製品等製造業進駐，這些產業廢棄物汙染性高。其次，經建會、工業局、農委會與經濟部當時均未明確同意此開發案，縣政府卻持續進行土地徵收。最後，後龍科技園區的開發並未取得全數地主同意；更有甚者，後龍科技園區開發案因未向居民公開說明，被行政院駁回，苗栗縣政府卻找來除後龍鎮灣寶里之外，二十二里的里長及代表連署支持土地徵收，不僅作法不當、也完全不尊重灣寶居民。

## 土地徵收政策失靈？

政大地政系教授徐世榮指出，土地徵收是取得土地的最後手段，在此之前，應先透過合理方式向地主協商購買，除非在不得已的情況下才得以使用徵收的方式。若要進行土地徵收，依法須符合以下要件：公共利益、必要性、最後不得已手段。前三要件都符合後，進行徵收還須給予合理的補償。然而，法律的立意原本應該是保障人民的權利，但是台灣浮濫的土地徵收制度，再再顯示罔顧人民權益，法律淪為握有權力者所專用之工具。

從土地徵收的四個要件來看台灣的現行狀況——公共利益為全體人民的共同權益，其意義也應由全體人民形塑，現在卻多由官方片面解釋。政府追求經濟發展，向人民鼓吹科學園區的好處，帶來多少經濟成長與就業機會；若反對土地徵收，常常被醜化為因徵收價格太低而反對、只為自身利益而不顧整體公共利益。何謂「公共利益」絕不能只由少數專家決定，或是所謂的科學知識來裁定。

就土地徵收的必要性，也就是「不得不用到這塊地」，才得以進行合法徵收的情況來說，全台仍有許多閒置的工業區，並未妥善規劃運用，再開闢新科學園區的必要性也受到質疑。說到「最後不得已手段」的前提——政府必須到最後不得已才動用徵收手段，但是台灣目前取得土地的方式卻本末倒置，把土地徵收視為優先，甚至是唯一的手段。

當三個要件均符合後，若要進行土地徵收則須給予合理的補償。《土地徵收條例》第十一條規定「應先與所有權人協議價購」，也就是說，若要取得土地，應直接找地主協商，若地主有意願出售土地，再進一步洽談雙方都可接受的交易價格。但現在的協議價購形式，卻變成是政府單方面發公文或舉辦說明會。徐世榮指出，說明會的形式只是取得出席人數簽名，政府卻以出席率製造出曾與居民充分溝通的假象。地主若不同意賣地，政府就片面表示協議價購不成，也就是「協商破局」，名正言順地採用看似合理，實則不公義的土地徵收程序。

## 凱稻飄香

七一七凱道抗爭活動滿一週年後，土地強制徵收的爭議仍未解決，政府承諾的《土地徵收條例》修法也沒有具體行動。二〇一一年七月十六日，全台各地的農民、反強制徵收自救會與支持群眾總計三千多人再度上凱道，台灣農村陣線提出三點訴求：一、立即修正《土徵條例》，反對政商與農搶地；二、要水資源分配正義，反對政商與農搶水；三、還我糧食自主安全，反對忽視台灣農業。除了各地受害的居民，還有年輕學生站出來貢獻力量，來自台大、政大、清大、雲科大等校的學生擔任志工。由全國藝術學院學生組成的美農小組在凱道搭建三公尺高的大樹，取名為「土地正義永生樹」，象徵農村堅韌的生命力以及守護土地正義的決心，群眾將祝福寫在小紙片上，並掛上永生樹，表達對台灣土地的情感。農民也搭起茅草屋，將農村景象搬到凱道，展現出農村的生命力。

一年前散布在各農村的凱稻，已經收成了兩次。這些稻子被帶回來，變成凱道上滿溢著香味的爆米香，溫暖了凱道上的每個人，凝聚對這片土地的共同情感。漫漫長夜中，歌手、樂團的音樂陪伴民眾，有林生祥、農村武裝青年、拷秋勤等，訴說著土地正義的信念。隔天早上，群眾祭拜天地、晒穀，祈求老天爺保佑《土地徵收條例》修法完成，並舉行記者會，對國民兩黨總統候選人提出十問。

抗爭活動訴求明確，支援群眾數目可觀，也透過許多方式展現農民對土地的情感以及保護農地的意志力，象徵土地正義的永生樹、農地搭建的茅草屋、徵收地稻米製成的爆米香，還有歌聲以及對土地堅韌的情感。這些極具象徵意義的事物，透過媒體的報導，將影像畫面播送至全台各地，感染凱道現場的氣氛。

二〇〇八年底通過的《農村再生條例》，並非真正致力於農村的發展與再生，卻變相成為利於土地商品化的條例，惹來許多爭議。逐漸有一些團體關注這個議題，並付諸行動，維護農村永續。台灣農村陣線自二〇〇九年於每年夏天主辦的「夏耘農村草根訪調營隊」就是一例。以營隊的形式，搭配相關課程與實作。帶領青年學子走進農村田野，親身觀察、體驗、訪談，增進對農村的了解與關懷。每年彙整出版的田野報告，也為相關研究者或社會大眾提供了寶貴的資料。

夏耘訪調的足跡遍及新竹二重埔、竹科與竹北周邊農村、苗栗灣寶、台中東勢、彰化溪州、雲林台西、高雄美濃、屏東萬巒五溝水、南投曲冰部落、台東金峰歷坵部落等地。每年營隊分為三個階段循序漸進——「訪調培訓工作坊」，提供課程，讓參與者對農村現況與訪調行動有初步認識，並學習訪調方法；「農村草根田野調查」，實際走進田野進行訪調工作；「夏耘成果發表研討會」，進行成果發表，並將其彙整出版。

對於這塊我們賴以維生的土地，我們應該可以有更多了解，台灣農村陣線與各地團體舉辦的夏耘，則提供了一個實地了解農村的機會與管道。近幾年的土地徵收爭議，為了抵抗不合理的徵收，農民起身捍衛自己的土地與生存權；生存在同塊土地的我們，或許可藉由夏耘訪調所蒐集的實際資料，更了解台灣農村，同時反思國家的發展論述。

## 守護台灣水

除了土地徵收爭議，科學園區用水問題也是爭議不斷。二〇〇九年中科四期有條件通過環評，要求中科在未完成「放流水專管」前，不得開放廠商進駐營運。位於長期地層下陷、水源嚴重不足的中科四期二林園區，開發過程中，曾經多次被環評委員質疑開發後的用水來源。當地居民也認為，中科四期進駐後，抽用地下水將導致地層下陷更嚴重。

中科四期每日約取走八萬噸水，依《水利法》規定，農業用水優先權大於工業用水。中科一開始表示，絕對不會抽地下水，未來將使用水利署為國光石化規劃的大度攔河堰。當時大度攔河堰和國光石化尚處於環評階段，最後中科卻以大度堰作為長期水源的條件闖關。而國光石化宣布撤案後，變成只為中科耗資巨額開發大度堰，水利署進退兩難。中科長期水源來源不明，環評竟允許中科四期在大度堰開發完成前，向農田水利會和自來水公司挪用水源。其中短期開發的六萬六千五百噸用水，將由彰化水利會從莿仔埤圳調用。

中科四期要調用居民農業用水這件事，當地居民不但不知情，某種程度可說是受到矇騙。例如長達二十三公里的地下引水工程，居民直到動工才知情。甚至在開始開挖後，才知道開挖寬度遠大於原本聲稱的三十公分，且將作為中科四期用水。在當地，農業用水原已嚴重不足，中科四期搶水工程將嚴重影響農民耕種。

來自彰化溪州、埤頭、竹塘、二林、田中、北斗等鄉鎮近千名農民，北上行政院陳情。抗議中科四期搶奪農民賴以維生的灌溉用水，毀壞百年水圳莿仔埤圳。彰化農田水利會更打算以每噸三點三元的水價，將莿仔埤圳每日六萬六千五百噸的農業用水，賣給中科四期作為中期計畫用水。

二〇一二年四月，中科四期開發面臨瓶頸，國科會提報行政院要求重新評估檢討原定的開發政策，但濁水溪沿岸的中科四期搶水工程卻仍持續進行，以「合約已簽、無法停工」為由繼續施工，極可能為地方派系為瓜分利益不願停工。中央與地方政府政策不一，侵害農地用水權利。農民再度北上陳情，要求停止引水工程。而藝文界包含詩人吳晟、導演林正盛等人也加入聲援行列，召開記者會、發起「守護台灣命水」行動。

## 一方有難、八方來援

無論是土地，或者水源，都不單單只是資產與環境生態的議題，更重要的是，這是我們的家，土地與人有不可分離的感情。政府在制定土地政策時，應該要將人與土地的聯結與感情加以考量，而不是一味看重經濟，一切以獲利為導向。

對農民來說，土地不只用來種植作物養活一家，更是長久以來的家園，是自己的根。如今，家園遭政府與財團聯手掠奪，以種種不合理的理由與程序，在短時間內、幾張公文就要把世代生活的土地奪走，這對於人權是多大的侵害！台灣解嚴後進入民主社會，所謂「民主」，是否已經完全地實踐，我們持保留的態度。就土地徵收來看，並沒有真正的民主，不過是受政府官員、財團等既得利益者操弄的工具。透過一些操作手法塑造出看似民主的假象，實則以不正當的手段侵害人民的權益。同時，政府也透過一些社會菁英，如所謂的「專家」，來形塑一些發展的論述或是迷思。當專家傳遞某種資訊時，會被認為是可信的、公正客觀的，這往往就是既得利益者操控民意的工具之一。例如科學園區一定會創造正面的助益，帶動經濟成長、提振產業等，而忽略背後的土地徵收爭議、科學園區高比例土地閒置的問題。

土地徵收還有一件事為人所詬病，政府進行土地徵收時，為了減少可能遭遇的阻力，通常會先針對農村、農民等較不具抵抗能力的地區或對象施行。從種種案例不難發現，遭受土地徵收的區域大多是農村、鄉村，因為當地居民大多為農民，年紀也偏大，相較其他地區，整體抵抗力量不大。這樣一來，政府便能更順利、在更短時間內進行土地徵收。另外，相較於都市土地，農地變更用地的阻力較小，加上政府能對農地課徵的稅賦有限，上述因素使得政府與財團都極力變更農地，以獲取更多利益。原本供應糧食的良田被開發成工業區或住宅區、商業區，而較偏僻或零碎的農地就被棄置或用以堆置廢棄物，沒有任何妥善規劃。

徐世榮近年來積極投入相關抗爭運動，過程中看到農民、居民的團結，各地的年輕朋友、學者、關心這個議題的人士集結，協助受害者爭取權益，他為此深受感動。但他也指出，參與運動至今，最大的挫折與困難就是與政府官員的協商討論。有時候協商的過程似乎與政府得到共識，雙方討論氣氛融洽，但實際上某些官員仍是說一套做一套，表面上應付卻沒有實質的作為，或是經常以各種名目調整改變。更有甚者，是言而無信。以苗栗大埔張藥局為例，先後歷經兩次徵收，被拆到只剩六坪。早前吳敦義任行政院長一

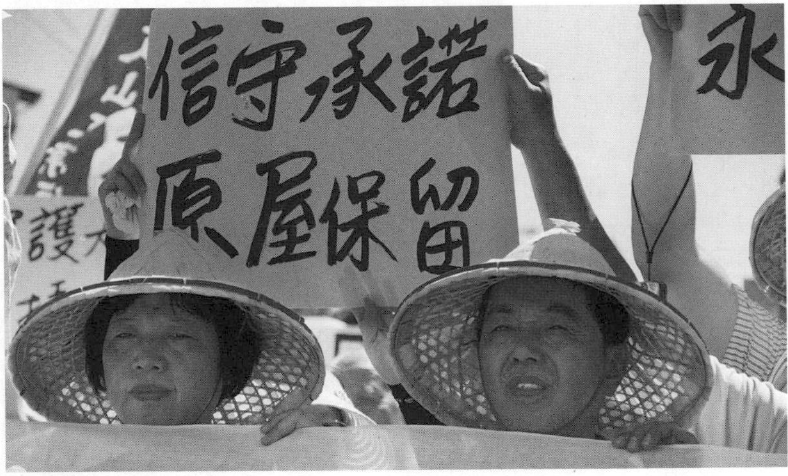

職時，曾打包票承諾原屋保留，並發公文予以變更。

但是二〇一一年，在內政部營建署都市計畫委員會幾次會議後，竟然推翻先前承諾張家原屋保留的決議，決定徵收張家僅存六坪的房屋。

苗栗大埔張藥局原址十一坪的房子，一九九七年苗栗縣政府欲拓寬馬路，被徵收五坪。三年前苗栗縣政府又因區段徵收，那僅有的六坪也被劃入徵收範圍內。好不容易等到吳敦義原屋保留的承諾，內政部營建署也在二〇一〇年十二月二十八日的都委會會議上完成保留程序，不到半年，都委會卻推翻之前的會議結論，決議徵收張家房屋土地。二〇一三年七月十八日，苗栗縣政府趁著居民北上抗爭之際，派六百警力強勢拆除張藥局等大埔四戶。兩個月後，二〇一三年九月十八日。張藥局主人張森文被發現在自家附近落水溺斃。

徐世榮認為，土地徵收是政治問題，要用政治來解決。而人民唯一的出路，就是要建立一個強大的公民社會，大家願意站出來表達不一樣的價值觀、創造不一樣的公共價值，同時設計一個不同於政府的制度。重要的是，公民社會一定要結盟，力量集結後才能展現，如同各地農民發起的：「一方有難、八方來援。」徐世榮說：「如果政府總是跟資本家站在一起，我們就要創造不一樣的公共價值，然後在這個價值下創造出不一樣的政策。」

二〇一四年一月三日，台中高等行政法院宣判徵收程序上為苗栗縣政府敗訴，判決書指出協議價購程序不合法、並且沒有實質審查徵收的公益性與必要性等原則。這是抗爭向前邁進的重要一步。然而，判決書末卻同時以「四戶土地已供道路使用」等理由駁回返還四戶土地的訴求，因此正義仍未還給四戶。二〇一五年五月，最高行政法院判決（最高行政法院一〇四年度判字第二〇九號），二〇一四年台中高等行政法院更一審判決「居民勝訴，但土地無法回復原狀，聲請國賠」部分，應予以廢棄，發回台中高等行政法院續審，未來可望返還張藥房土地。

爭取權益的過程是艱熬的、充滿變數的，但是為了家園，居民仍堅持著。究竟這些抗爭運動是否成功仍難下定論，有些地區居民成功保住家園，也有人仍在努力抗爭。台北大學不動產與城鄉環境學系教授廖本全認為，運動的價值是無法透過簡單的成功失敗二元思維去定義的，對抗既有體制本來就是一個極為艱困的過程，不應只是線性思考，運動所面對的困難與挑戰都是辯證過程的一部分。可以肯定的是，這些受害者、社運團體與聲援的群眾，不論是為了捍衛自身權益，或是因為反對不合理徵收而站出來的人，他們的抗爭精神成功了。我們依然期待台灣可以走向實質的公民社會，人人都能參與公共事務，擁有合理的法治與民主社會。

# 樂生院的兩三事

## 因為錯誤政策而被剝奪的人權、尊嚴與家園，你咁賠得起？

鄭名翔

民國四十年，正就讀建中二年級的湯祥明，在校內被抽驗出得到痲瘋病，當時政府的強制收容政策，迫使他必須放棄學業。他不想進入樂生院，但樂生院的宣傳車卻天天到他家的村鄰宣傳他得病的消息——在當時痲瘋病被稱為「苔疙病」或「癩病」，人人都害怕被傳染，村子裡容不下他，他不得不離開家鄉來到樂生院。受過日本教育的媽媽完全不能接受他得到這種病，對外宣稱湯家的二兒子已經死了。他的病切斷他對未來的憧憬，原本就要論及婚嫁的青梅竹馬也為了這段看不到結果的感情黯然剃髮出家。他失去了青春、家人、愛情、自由，最後樂生院成為他唯一的小小世界。

許麗明，年輕時一場大病使他丟了工作，也種下痲瘋病根，原本打算志願入伍分擔家計，但卻在體檢時被驗出痲瘋病。一夕之間同袍不敢接近他，軍隊也不要他，當年的他就像現在的我們一樣，需要家庭、渴望愛情、憧憬未來，卻因為這場病使得一切成為泡影，他抱著最後一絲絲的希望自願來到樂生院，期盼接受治療後能夠回到故鄉迎接未來的美好人生。但戒備森嚴的樂生院，以圍牆、拒馬、鐵絲網禁錮了所有的病患；而社會上對痲瘋病患的汙名化使得病患終生被歧視、排擠。樂生院成為一座孤島，從踏進樂生院的那一刻起，就注定一生歲月將埋葬在這裡。

許麗明感慨說道：「一旦進了樂生大門的痲瘋病人，就形同入監服刑。」不同的是，服刑總有期滿出獄的一天，在樂生，卻是終身監禁的折磨，自由，只成了奢求。類似湯祥明、許麗明的爺爺奶奶還有六十幾位，他們都在年輕時被迫帶進樂生院接受隔離治療，一同經歷發病、抵抗、歧視、孤單的生命，最後只能默默將自己的思

念、夢想鎖在破舊的矮房之中，把社會對痲瘋病的歧視與誤解寫進他們的生命、寫進樂生院斑駁的建築裡。

## 惡魔的詛咒下的倖存者——痲瘋病人

四〇年代左右曾經被視為不治之症，如今已可完全治癒並不再具傳染力的痲瘋病，醫界學名稱之為「漢生病」或「韓森氏病」（Hansen's Disease）。這是一種由痲瘋桿菌所引起的慢性傳染病，患病的人在皮膚上會出現白斑或微紅的斑塊，而後逐漸在外貌上產生巨大的變化，如鼻粱坍塌、眉毛脫落、指骨關節內縮、感官麻痺退化等。因為當時醫療技術無法醫治且被認為具有高度傳染性，因此痲瘋病被視為是最可怕的傳染疾病之一。古今中外，人們都用隔離的方式處理痲瘋病患，在中古世紀的西方就曾發明「痲瘋船」，將所有痲瘋病患集中留在船上，隨河流漂蕩不准靠岸。對於一般人而言，這種「外貌巨變卻還活生生的存在」是惡魔的詛咒，這些病患沒有存在的權利，當然也不屬於任何國家、任何地方。

日治時期，日本政府認為痲瘋病是最不文明的疾病，甚至將病患視為國恥，於是採取完全隔離的措施，興建「癩病療養所樂生院」（舊址於今新莊地區），將全島的痲瘋病患隔離於院內治療，使他們一輩子都不能與外界接觸，希望徹底根除這樣的疾病。同樣的隔離政策延續到國民政府時期，癩病療養所樂生院也正式更名為「台灣省立樂生療養院」。

經過六十多個年頭，隨著醫療技術的發展，痲瘋病幾已絕跡，也不再是人見人怕的恐怖疾病，樂生院不再收容新病患，從此安然坐落於車水馬龍的台一線旁，小山丘上一排排老樹與古意盎然的小平房錯落，這裡是一塊遠離塵囂的小園地。路旁矗立的石碑上刻著「以院作家 大德日生」，樂生院成為最後一批痲瘋病人的家，他們在這裡待了六十餘年，終有一天也將年老逝去。這裡見證了台灣一百年來的公共衛生發展史，也成為台灣人反省疾病人權的珍貴古蹟。

樂生院保留運動所反映出來的意義，不僅是文化古蹟的去留問題，如同樂生院民之間所留傳的一句話：「犯人關久也會放，不像苔疕一世人。」一道出過去這個國家對於痲瘋病人基本人權的傷害，而當國內的醫療技術日益進步後，政府要如何照護並彌補這些被長期隔離的病患，也反映出這個國家對於人權的反思與尊重。但是從樂生保留運動中，我們卻見識到當權者再一次複製過去的隔離思維，不但忽視院民的需求，也踐踏了台灣社會對於人權應有的尊重。

## 樂生院拆除夢魘

二〇〇二年，台北縣政府與捷運工程局將樂生院區劃為新莊捷運機廠的預定地，並且逐步進行強制拆除。六十幾位年邁孱弱的樂生病患，早年因為台灣社會抱持錯誤的疾病認知，被迫隔離禁閉於此，相隔六十年後，有關當局卻又以偏執的發展主義再度剝奪他們生存與居住的權利。文明、經濟成為一種洗腦的口號，為了追求建設與開發，帶給無力反抗的弱勢者一次又一次揮之不去的夢魘。

隨著拆除行動的進行，山坡也開始出現小規模走山，為此捷運局預計在迴龍地區的台一線邊建一棟新院區，安置不良於行的老院民，但新院區的設置並未考量到院民的需求，現代式的醫療大樓讓這些大多只能依賴代步車移動的院民出入困難，再加上病患多半身體皮膚都相當乾燥，使用空調的大樓反而對病患造成更大的傷害。不知道何去何從的院民，這一次決定不再妥協——他們拖著疲病老弱的身軀站出來，讓社會大眾聽到他們的心聲，也要向這個不公不義的國家機器討回屬於自己的尊嚴與權利。

## 樂生院保留運動開始

二〇〇四年，台灣近代社會運動史中，最具代表的一役——「樂生院保留運動」開始。

由樂生院民所成立的樂生保留自救會，及年輕學生所組成的青年樂生聯盟成為這次運動運作的核心。當局者的無能，讓外界誤以為，樂生事件是對捷運通車抱持期盼的新莊居民，與希望保留家園的樂生院民之間的對立衝突，然而錯誤的決策才是造成新莊居民與樂生院雙輸的根源。為了扭轉這樣的局面，自救會與樂青聯盟首先試著將樂生議題提高成為文化層次，欲藉由古蹟認定使樂生院得以被保存。早年許多國家多半都是以隔離作為根絕痲瘋病的手段，如今包括日本、韓國在內的國家紛紛為當年的錯誤疾管政策道歉，並做出賠償、原地保留，然而在台灣反而要強拆樂生院，等同是再一次地蔑視院民權利，重覆過去錯誤。於是，聲援樂生的群眾轉向行政院文建會提出訴求，希望將樂生院列為古蹟，這不但是留給院民一個合適的生存空間，同時也是讓台灣社會能夠藉此見證、反省台灣近代防疫史與疾病人權的觀念。

二〇〇五年年底，文建會依照《文化資產保存法》先將樂生院列為「暫定古蹟」，有效期限為六個月，在這短暫的時間裡，樂生保留運動的參與者必須採取更多行動，對抗捷運局的拆除動作。抗爭開始分頭進行，樂生保留自救會首先針對過去錯誤的隔離向日本政府要求道歉與補償，同時，也著手在台灣的立法院中推動《台灣漢生病友人權保障條例草案》，希望透過立法的方式保障樂生院。到了二〇〇六年，樂生保留運動更加快速開展，包括樂生高中聯盟、基督徒關懷樂生聯盟、樂生動物部落、樂生傳播青年聯盟等紛紛響應成立；醫學院的學生在醫界發起連署，獲得許多醫療工作者的支持；各式文化表演團體也以文化節的形式提供樂生運動不同的能量，其中又以樂生那卡西最引人注目；這個以樂生院民為班底的樂團，是由曾參與各式勞工抗爭運動的工運樂團——黑手那卡西號召院民所組成。由於當時的副總統呂秀蓮在一次協調會中脱口說出的一句話：「耽誤國家重大建設，你賠得起嗎？」使得黑手那卡西毅然決定投身樂生運動之中，協助院民自行譜曲作詞，甚至推出專輯並舉辦音樂會，一遍又一遍地用歌聲反問政府——我們因為錯誤的政策而被剝奪的人權、尊嚴與家園，你咁賠得起？

## 人類基本生存要件之一——安穩的家

面對各界的聲援，捷運局提出一份新施工方案，承諾將保留樂生現址百分之四十一的範圍。但如此一來，仍有大半的院區要遭拆除，樂生保留自救會和青年樂生聯盟無法接受這項決議，於是趕在暫定古蹟期限屆滿之前舉辦「保留樂生大遊行」，除了要爭取樂生院全區保留的方案外，也呼籲政府積極申請將樂生院列入世界遺產。這次遊行吸引了近五十個民間與學生團體及超過五百名民眾參與，以特殊的「六步一跪」苦行方式一路行進，除了透過身體上的疼痛及疲勞去感受樂生院民過去所受到的磨難，同時表現出渴望人類生存基本價值的謙卑態度，希望有關當局能夠傾聽土地、底層社會的聲音。面對來自社會各方強大的保留樂生訴求，文建會也召集專家學者及工程顧問公司重新研擬樂生保留方案，最後提出一份以捷運分段通車，保留樂生現址百分之九十的方案，原本看似非拆不可的樂生院似乎也有了轉機。

到了二〇〇七年，捷運局卻認為百分之九十保留方案在工程執行上會有困難度，而且恐怕造成安全上的疑慮，再一次否決了文建會的方案。但是包括台大建築與城鄉研究所教授劉可強、中原大學景觀系教授喻肇青等專家學者皆跳出來，嚴厲反駁捷運局的說法，認為捷運局所謂的技術困難完全是可以被克服的，相關的工程設計在國外及高雄捷運的施作上都有前例可循，沒有理由台北捷運做不到，而且捷運局所主張的百分之四十一方案將會犧牲最重要的「王」字型哥德式醫院建築等樂生院內最有價值的空間，捷運局這種說法只是暴露出技術官僚的不作為與怕麻煩的心態。但即便外界質疑聲浪不斷，捷運局卻仍然一意孤行，並且在未經公開說明決策的情況下，就在樂生院貼上強制迫遷公告。

樂生保留運動參與者不死心仍然努力到處奔走，這一次他們找上了當時的行政院院長蘇貞昌，希望能藉由中央的力量介入，公開審議百分之九十的保留方案，但依然未能獲得政府積極的行動支持。為了讓外界更加認識樂生院的處境並且爭取更多認同，幾位部落客共同發起「一人一百元買下『保留樂生』的小小夢想」的募款行動，很快的在二十四小時內就於網路募集到二十萬元的資金，順利在國內四大報刊登廣告，說明捷運局與文建會兩種保留方案的優劣差異；除此之外，以台灣人權促進會為首的七十一個社運團體，及一百八十六位學術人士也陸續集資刊登聲援樂生的廣告。

## 對立的煽動者

由於新莊市民受夠了在地混亂的交通，長年來的塞車及交通事故的陰影讓他們熱切期盼新莊捷運線的開通，再加上選舉前政治人物的通車支票，讓他們預見捷運將帶來地方的繁榮，他們將成為交通便利、房價飆漲的直接受益者。另外，由於過去新莊處於台北市外緣都市的位置，只能在有限的資源中力求發展，但近幾年來，在地方政治人物爭取下，規劃出「新莊副都心」綜合型都市更新規劃案，不但未來將會有部分中央部會遷駐，同時擴大了新莊地區的經貿發展格局，因此新莊捷運的通車勢必為新莊副都心規劃案中最重要的一步。

有關當局不斷對外宣稱：「若是保留樂生，新莊捷運通車將遙遙無期。」這說法也激化了新莊市民及相關開發案獲利者的情緒，使得保留樂生院與新莊捷運的通車成為必然對立的二選一。

被主流媒體偏頗資訊影響的當地民眾，紛紛將矛頭對準保留樂生行動中外來的運動者及無辜院民，而地方官員及民意代表也找到施力的舞台。二〇〇七年三月三十一日，在當時台北縣縣長周錫瑋的帶領下，舉辦了一場「新莊人要捷運萬人遊行」，遊行者高喊著「拆樂生、救捷運」的口號，縣長周錫瑋更是口口聲聲強調，只有拆除樂生才能使捷運如期通車，使得遊行民眾對於樂生院的不滿情緒更加升高，喧騰的民粹讓樂生保留運動的情勢越加困難。

為了扭轉外界的誤解，樂生保留運動提出「分段通車」的方案，強調在不影響捷運通車的情況下，同時也能夠保有樂生。同年四月十五日，樂生保留自救會與上百個民間團體再一次共同發起「保留樂生大遊行」，這次的遊行集結約五千名聲援者，一齊走向街頭向政府呼籲採取百分之九十的保留方案，並且以分段通車的方式為新莊捷運及樂生共創雙贏局面。而這次參與的團體不但超越藍綠黨派思維，更橫跨學生、人權、社福、環保、勞工、社教、宗教、學術、性別、文化與社造等組織，同時將地方性的議題提升至全國層次，寫下台灣近代社會運動中極具意義的一頁。不過，當時的捷運局及雙北縣市長仍然以「技術不可行」、「延宕工程」為由拒絕，尤其捷運局更是不斷以通車日程作為煽動手段，這也反映出捷運局的官僚系統長期站在工程本位，徹底忽略從新莊的都市文化發展來看樂生院的保留意義，也預告了具有世界文化資產價值的樂生院將走向拆除的命運。

二〇〇七年五月二十日捷運局等相關單位再次召開工程會議，這次會議也將決定樂生院與幾十位院民何去何從。當天，樂生院民、樂青聯盟、捷運局及相關專家學者一同來到工程會討論樂生保留方案，會中除了樂生院民極力提出保留的訴求外，由捷運局邀請與會的大地工程公司工程師王偉民更語出驚人的表示：「捷運機廠的選址有問題，如果強行開挖後果將不堪設想。」

由於樂生院位於林口台地邊緣的山坡地，根據捷運局的檢測，林口台地底下富含大量地下水，猶如一個巨大的地下水庫，而樂生院坐落的這片土地就像是個壓力鍋蓋，控制著整個地下水壓，也保持整個山坡地的穩定。一旦捷運局開始施工開挖，山坡地無法承受地下水壓將傾瀉而下，形成大規模的走山，直接衝擊樂生院及捷運機廠。也就是說，樂生院的保留不僅是人權、古蹟的議題，同時也是一個重大公共工程安全的議題。

會議中，捷運局仍然堅持拆除大部分院區，只保留六棟不適合住人的院舍，院民無法接受當下退席抗議，會後捷運局依舊做出拆除的結論，樂生院民最後的希望也隨同這次的決議再次破滅。樂生保留運動的抗爭，也從文化層次擴大到公共安全的層次。為了不讓樂生院從世界文化遺產變成文化遺址，樂青聯盟與樂生自救會繼續採取其他策略全力阻止拆除行動。

## 守護樂生院最後一塊磚

首先是增加當地居民對樂生院的認識及支持：樂青們舉辦各式的學生營隊，例如為期兩週的樂生兒童語言才藝營；除了增加地方社區互動外，他們也推出一系列的相關影展，要讓更多人認識這些樂生院民的處境；同時積極招募志工，籌設樂生博物館，讓台灣過去關於漢生病的重要文物及史料得以被保存。他們也定期舉辦音樂會、文學營，讓更多的新莊居民能夠親身走上這個小山坡，用自己的雙腳、雙眼去認識這個充滿歷史及文化意義的土地，同時透過這一次又一次的活動參與，讓新莊居民逐漸真正了解樂生保留運動的訴求。另外在政治途徑上，樂生自救會與漢生人權立法聯盟共同草擬《台灣漢生病友人權保障條例草案》，希望藉由立法的形式，反省過去錯誤的隔離歧視政策，並為所有樂生病患恢復名譽，同時對他們多年來受到的身心傷害做出補償，未來，政府也應該給予樂生病友終身的醫療照護及合適的康復園區，並且以國家指定古蹟的方式，完整保留樂生院這個重要的醫療文化資產。

面對可能引發的樂生走山危機，樂青聯盟的成員四處收集當地相關地質資料，自發性的監測山坡滑動狀況，會同國內的地質專家與工程師一同研擬補救措施。由於有關單位的漠視，使得作為受害者的樂生院民必須自行面對如此巨大的生存危機，樂青學生無奈的說：「我們原本都是來自各校不同領域的學生，現在卻被逼得成為地質學的專家。」但即便各方人馬不斷努力的為樂生保留持續奔走，施工的安全疑慮也還未解決，捷運局的拆除工程卻片刻不停。

二〇〇八年十一月三日，預定拆除日的清晨，支援群眾全部群聚在樂生院貞德舍外頭，排排席地而坐，一圈又一圈的圍繞貞德舍，他們手拉著手，以肉體抵抗強制拆除行動。面對群眾及院民的堅守，縣政府也調派大批的警力，粗暴的架離抗議群眾，抗爭的時間沒能花上太久，駛進小山丘的怪手在一座座的小平房上劃開一道又一道無法彌補的傷痕。最後，樂生院區貞德舍、中山堂等建築被完全拆除，只剩餘蓬萊舍、王字形建築二、三進等。

然而，這殘存的院區仍然壟罩在走山危機的陰影之下，樂生保留行動還是要持續下去。捷運機廠工程動工後，這些剩餘院區的建築體從二〇一〇年起開始出現大量且持續擴張的裂縫，嚴重威脅院民的居住安全，過去學者提出的走山危機已然成為真實的夢魘。樂生保留自救會再度會同相關專家來到台北市政府前陳情，要求捷運局立刻停工。然而捷運局卻不斷堅稱工程安全無虞，短暫停工後又強行復工，如此一來不但樂生院區主體建築裂縫快速擴大，同時在新的迴龍院區同樣也出現龜裂的現象，顯示施工的破壞遠超過捷運局的預期。而後大地工程技師公會也提出一份報告書，揭露了捷運局長期刻意忽視當地地質及地下水的問題，直接點出捷運局一連串的錯誤決策，這也迫使捷運局必須更換施工工法，改採用增加地錨及排樁的工法設計，希望能藉此穩定不斷滑動的山坡。然而這樣治標不治本的方法，卻仍然無法遏止土坡持續滑落，原本用來穩固的地錨拉力數也到了臨界值，隨時都可能無法繼續支撐。樂生保留自救會不斷呼籲政府正視迫切的走山危機，並要求捷運局立即停工，將土方回填。

二〇一一年十一月，樂青向監察院提出陳情，除了訴求立即停工外，同時也希望監察院能介入調查捷運局之失職，並且呼籲行政院組成跨部會小組研擬長期的安全方案。二〇一二年年初，文化界人士包括導演侯孝賢、台大外文系教授張小虹、詩人鴻鴻、吳晟、文化評論人張鐵志，以及作家朱天文、朱天心、紀大偉、陳雪等人再度齊聚樂生院區，一同呼籲馬英九總統能積極正視樂生問題，立刻停止捷運局的危險工程，以免造成無可挽回的後果。

除了從行政體制進行訴求外，樂生保留自救會也再次從文化路徑上尋求方法。二〇〇九年樂生療養院院民及其他聲援團體曾共同發起國際工作坊，致力於將樂生療養院申請為世界遺產。由於台灣的樂生院是目前世界上少數仍然有院民居住的院區，更具特殊性，然而相較於其他國家紛紛成立博物館或是紀念園區的形式作為保留，台灣樂生院的文化資產價值同樣受到國際間肯定，卻面臨毀於一旦的危機。雖然文建會已經陸續提出保存規劃及相關歷史人權的研究計畫，卻遲遲未能正視樂生院現存危機的急迫性，忽略了「古蹟保存」與「公共安全」之間的關係。二〇一二年，聯合國已經陸續召開會議處理漢生病院申請文化遺產的案件；同年，文建會升格文化部，部長龍應台拜訪樂生院時也對於樂生院相關之人權與文化意義表示肯定，同時也表示將提出相關規劃，全力實踐樂生的保存，但是對於始終不停工的捷運工程，文化部仍然不願做出回應，做法仍如同過去的文建會，一再迴避迫在眉睫的公安問題。因此樂生保留自救會再三呼籲文化部須積極介入，透過指定為國家古蹟的方式令捷運工程停工，如此才能夠保障樂生院的安全。

## 錯誤決策的代價

二〇一二年八月，監察院正式對捷運局提出糾正案，認為新莊捷運機廠選址有重大瑕疵。在這份調查報告中，明確指出由於捷運局在新莊捷運機廠的選址錯誤，造成整體捷運工程多延宕十八個月，額外增加預算多達八十五億，更嚴重的是造成樂生院主體建築出現裂損，恐怕有崩毀的危機。原本新莊捷運機廠選址地點是位在輔仁大學後方的一塊農業用地，但卻在交通部的主導下轉向樂生療養院院區。不免令人推測——因為藉著新莊捷運的開通，預料將從樂生院區開挖出讓建商垂涎的砂石利潤，同時配合新莊副都心的一連串開發計畫，將為當地房地產帶來龐大利益；而樂生院的存在就成為當地政商勢力分食這塊利益大餅的絆腳石。

監察院的糾正案也正突顯出政府長期以來商業至上的心態，樂生保留運動所引發的，雖然看似是一場歷史古蹟與現代化建設的爭執，但事實上卻蘊含更多深層的社會意義。其中牽涉到文化古蹟去留的爭辯、台灣人權價值的反思，甚至進一步去挑戰國家發展主義的正當性。這些不同的意義從本質上讓這場運動更豐富，也因此能夠在不同的時期中吸引著許多來自各方的運動團體紛紛投入其中，一同對抗這個層層勾結的政經網路。

二〇一二年十二月五日，台北市市長郝龍斌及新北市市長朱立倫於環狀線捷運開工典禮上，表示捷運新莊線有條件通車至迴龍站，這也證明了當初樂生保留運動提出的捷運分段通行方案是可行的，這無疑是賞了傲慢的捷運局一記耳光。因為在整個抗爭過程中，青年樂生聯盟、樂生自救會，及各方的專家學者、聲援團體不斷向政府訴求「樂生與捷運是可以共存的」，卻仍然無法阻止捷運局的一意孤行，塑造出「機廠不完工，捷運不能通車」的虛假對立，而內政部、文建會的冷漠助長了這個錯誤持續擴大。

監察院的糾正案只是讓國家承認過去的錯誤，但現在我們要讓國家的行政機關針對過去的錯誤做出彌補——「土方回填，保護樂生」，樂生保留運動還在持續著。二〇一三年三月十六日樂生保留自救會、青年樂生聯盟第三度走上凱達格蘭大道，近千名的遊行隊伍以及六十名自願六步一跪的志工一齊來到總統府前，希望當年曾說過「樂生不拆，捷運不通」的總統馬英九能夠出面為有關當局犯下的錯誤負起責任，積極解決樂生走山問題。

然而，捷運新莊機廠的工程仍持續進行著，至二〇一四年四月，樂生院主恩舍因施工造成房屋出現巨大裂縫，捷運局以安全考量為由，再次要求院民立即搬遷。這是相隔七年之後，捷運局再度迫遷院民，不但缺乏任何配套措施，同時也不願正視潛在的工安危機，任由危機不斷擴大。守護樂生行動只能再一次走上街頭，從樂生院步行十七公里的距離至台北市政府守夜抗議；另外也發起「干預」捷運行動，由數十名樂青，戴著口罩並於胸前掛著「樂生院安全危機」牌子，靜默站立於捷運月台及車廂中，希望藉此凸顯樂生院走山的急迫性，喚起社會大眾的關心。二〇一五年，樂青及樂生自救會提出「新樹林機廠」替代方案，訴求將機廠遷移至新樹林站旁的廢棄台汽機料場，並將原本已開挖的新莊廠區回填土方，以確保山坡穩定。但此方案再次被捷運局否決，儘管甫上任的台北捷運局長周禮良一再以「工程專業」、「現場見證」為機廠工程的安全掛保證，但樂生院區仍然隨著新莊機廠的施工工程不斷地增生裂縫，一旦遭逢豪大雨侵襲，樂生院及捷運機廠皆是危在旦夕。

過去，土地開發所帶來的龐大利益，吸引著地方政治與經濟勢力將黑手伸進樂生院，假藉公眾利益的名義要排除所有反抗力量，直到來自監察院的一紙公文才還給樂生院民一個遲來的正義。悲哀的是，這樣的結局中沒有人是最後贏家：許多樂生院民在漫長的抗爭中等不到一個公道就抱憾而終，樂生院僅存的院區也正面臨走山的危機；新莊地區的居民必須忍受捷運通車的一再延宕，全國人民也為此徒耗巨額的經費。但值得慶幸的，樂生運動的過程讓我們看見年輕世代對於社會正義的關注與投入，由於這一群人們的堅持與努力，讓整個社會得以重新反思現行的經濟發展思維，是否正逐漸抹煞許多存在我們生活周遭珍貴的價值。

樂生保留運動已經持續了十餘年，參與其中的學生歷經大環境的更迭，跨越不同世代，許多人早已脫離學生的身分，卻依然站在不同崗位上守護樂生院，這些來自社會各界的關心陪伴著樂生院的爺爺奶奶走過各種挑戰，一直到今天他們只有一個心願，就如樂生保留自救會前會長李添培所說：「樂生院平白遭受許多批評與誤解，但我們不曾放棄，如今政府所有的謊言都一一被戳破，我們只希望政府能趕緊回填土方，保護最後的樂生院。」

# 環境

（福島核災後）有近十萬的人們，
被迫從核電廠周邊地區撤離。
農田、牧場、工廠、商店街及港灣，
全部成為無人地帶。
曾經住在那裡的人，
或許這輩子再也沒有機會回去了。
損壞的道路或建築物的修建，
是技術者的工作；
但損壞的倫理及規範的再生，
卻是我們全員必須共同擔起的任務。

——村上春樹

# 反國光石化運動

不是所有可計算的東西都是重要的，也不是所有重要的東西都能夠計算

何思瑩

這裡是河川與海洋
相親相愛的交會處
招潮蟹、彈塗魚、大杓鷸、長腳雞
盡情展演的溼地大舞台
白鷺鷥討食的家園
白海豚近海洄游的生命廊道
名為「國光」的石化工廠

正在逼近，憂傷西海岸
僅存的最後一塊泥灘溼地
名為「建設」的旗幟
正逆著海口的風，大肆揮舞

而我只能為你寫一首詩

我的詩句不是子彈或刀劍
不能威嚇誰
也不懂得向誰下跪
只有聲聲句句飽含淚水
一遍又一遍朗讀
一遍又一遍，向天地呼喚
——節錄自吳晟詩作〈只能為你寫一首詩〉

這天，曾寫下著名詩篇〈負荷〉的鄉土詩人吳晟，一大早便從彰化老家風塵僕僕地來到台北，出席記者會，並在鏡頭前朗讀新作〈只能為你寫一首詩〉。是什麼讓詩人寫下如此沉痛的詩篇？又是什麼讓詩人必須站出來，「聲聲句句飽含淚水，一遍又一遍朗讀，一遍又一遍，向天地呼喚……」？

## 什麼是石化？台灣的石化產業發展之路

石化產品與我們的生活息息相關，從交通工具的油品、飲料的塑膠杯、電子產品的外殼，甚至是身上所穿的衣服，幾乎都是由石油經過煉製後加工而成。

石化產業分為上、中、下游。將國外進口的石油經輕油裂解廠生產出石化的基本組成，包括乙烯、丙烯、苯、甲苯、二甲苯等，是上游。到了中游，加工產出石化原料，包括塑膠原料、人造纖維原料、人造橡膠原料等等。而下游則是生產塑膠製品、人造纖維以及紡織品、人造橡膠等。

根據台塑集團的統計，台灣每人每年平均的石化用量是一百七十公斤，是世界平均值的十點六倍。台灣最早發展的石化產業是以製造塑膠製品、清潔劑為主的下游產業，在這一類的生產飽和後，為了提高競爭力，更需要確保中上游原料供應的穩定與自主，於是開始發展進口替代的策略，並由政府以優惠、融資減稅等特權待遇，大規模推動石化產業鏈的擴建。

以高雄為發展重鎮，一輕（第一輕油裂解廠，以下類推）、二輕、三輕、四輕、五輕相繼成立。一輕到五輕都是由中油投資興建，專門生產上游的石化原料，而下游的加工，則由民間廠商負責，對台灣來說，石化產業牽一髮而動全身，每一年的產值都在兆元以上，從業人員也高達三十三萬。

石化原料生產由中油獨大的情形在一九九二年有了改變。以塑膠生產加工起家的台塑，於雲林麥寮的六輕廠開始運作，大煙囪串聯小煙囪，縱橫交錯，成為全球最大的單一石化園區。

國光石化，全名為「國光石化科技園區計畫」——其實也就是八輕。早期為中油公司獨資，一九九四年規劃在桃園、嘉義、高雄等地設廠，一九九九年轉至屏東，都到遭嚴重抗議而停擺。

二〇〇〇年後改由民營和國營企業合資，其中中油公司還是最大股東，占總股百分之四十三，另外百分之五十七是民股，包括遠東集團、長春企業集團、中國人造纖維股份有限公司、富邦金控及和桐化學股份有限公司等，原本打算落腳嘉義也同樣遭到抗議。二〇〇五年轉往雲林，卻因六輕嚴重汙染未解，遭到農漁民極力抗爭反對；直到二〇〇八年，彰化縣長卓伯源大力邀請，最後決定設廠在彰化縣境內西南隅，大城、芳苑鄉界間的海岸地區，與台塑六輕一北一南，盤踞濁水溪兩岸。

國光石化獲得中央與彰化縣政府的強烈支持，行政院在二〇〇九年三月核定國光石化投資計畫，並且訂出目標時程，希望在二〇一五年六月開始量產，甚至期待在二〇一〇年上半年完成環評程序。

## 戳破政府與財團的石化謊言

國光石化董事長陳寶郎表示：「石化的產業做得越大越好。」台灣石化最重要的產品是五大泛用塑膠[1]，其來源就是輕油裂解的乙烯，他認為國光石化能增加乙烯的產量，提升中下游產品的競爭力。而總統馬英九也多次強調：「石化業牽涉下游產業幾十萬人的生計，台灣不能沒有石化業。」甚至，經濟部工業局也在二〇一〇年九月，以「沒有石化業，哪來的傘布遮雨？」或是「沒有石化業，哪來的牙刷牙膏？」等標語，花費三百萬在四大報上刊登廣告。

然而，石化產業雖是重要的產業之一，但同時也是高汙染與高耗能的產業。二〇一〇年六月十六日，中興大學教授陳吉仲、莊秉潔等人發起「反對國光石化在彰化設廠學者連署」，並提出學界反對國光石化設廠彰化的分析報告。報告中，一一列舉出國光石化設廠將造成無法挽回的影響，包括毀損溼地生態、造成台灣白海豚滅絕、水資源供需失衡、地層下陷、危害國人健康、農漁產品汙染、衝擊濁水溪口海岸地形與近岸漁業、加劇溫室氣體的排放、影響空氣品質等等。

陳寶郎一再強調會做好防護措施，並不斷宣稱將創造「五千三百億的產值」、「兩萬個工作機會」，但，石化廠對環境的衝擊與生命安全的影響均未被考量在內，看起來當然是一筆值得投資的好事業。為此，中興大學應用經濟系教授陳吉仲特別將健康風險、地層下陷、農漁業安全、生態環境等公共財換算成數字，發現國光石化營運之後，每年整體損失將達到三千億，這些外部成本遠遠超過國光石化宣稱的效益。

再者，依照經濟部工業局《石化工業政策評估說明書（初稿）》指出，近年因六輕量產，不僅台灣的乙烯自給率早已高達百分之一百零五，五大泛用塑膠的外銷比例也達六成以上，沒有再蓋一座輕油裂解廠的迫切需要。同時，主計處的統計資料也顯示，國內石化產業對全國的GDP[2]貢獻不超過百分之四；而國光石化興建後的就業人口最多為兩萬，卻將造成農漁人口至少一萬人以上失業。以上的分析研究，再再都讓我們看到國光石化的興建根本就是虧本生意——錢讓財團賺，代價則是全民買單。

## 凝結在地力量堅守環境

彰化沿海北起大肚溪，南至濁水溪口是一片帶狀的海埔灘地。一身碎花衫，頭戴黑點圓帽，謝素阿嬤駕著一輛三輪仔鐵牛車「噗、噗、噗」地從海埔灘地犁過，迎著呼呼作響的海風和灼熱的陽光，在無以計數的蚵田裡穿梭。

謝素阿嬤居住在芳苑鄉的番挖社區，是國內極少數仍保留牛車載蚵傳統的漁鄉，這裡距離國光石化預定地不到一公里，往南方望去，還隱隱能看見雲林麥寮六輕廠區一根根矗立天際的巨大煙囪。

由於彰化沿海海風當頭，不利於農耕，居民便利用灘地做水產養殖，文蛤、花蛤、牡蠣為最大宗。其中芳苑、漢寶、王功幾個海埔養殖區的蚵田密布，發展出包括上中下游的養殖產業，如蚵苗的植育，蚵殼的打洞、串、綁，到鮮蚵的食品、加工等。這樣的生活並不如外界想像的貧苦，反倒能踏踏實實的養活世世代代的漁家大小。然而，一旦國光石化進駐，這樣樸實單純的漁村生活將被毀之殆盡。

最初國光石化計畫在大城設廠，支持的聲浪明顯超越反對者。彰化縣縣長卓伯源為了吸引國光石化的進駐，就曾表示大城鄉公所民調有百分之九十八的民眾支持設立工業區。因為大城為濱海鄉鎮，不識字的高齡者比例偏高，且當地使用潮間帶的漁民較少，較無直接的利害關係，在這樣的社會條件下，親財團的地方領頭人很容易動員民眾支持開發。社團法人彰化縣環境保護聯盟總幹事施月英表示：「支持國光石化的都是既得利益者，而反對者常會覺得政府要開發，擋也擋不了，就像還活在白色恐怖中，很消極的不去面對。」當時，不少反對者會利用夾報的方式，將對國光石化的質疑悄悄傳遞，然而，仍不敵當地新聞台猖狂的置入性行銷來得有影響力。

而正所謂危機就是轉機，二〇〇九年底，國光石化設廠地點確定北移進入芳苑鄉後，情勢有了改變。不同於大城鄉，位於芳苑鄉的王功鎮在一九九七年就有反東麗紙廠[3]設立的抗爭行動經驗，且王功鎮世代以新鮮肥美的蚵仔名聞遐邇，居民為了保護賴以為生的海田，開始成立自救會投入反對行動。

此外，施月英提到，台塑六輕連續爆炸和八八風災也影響在地對國光石化開發案的看法。「有一次地方辦說明會，雲林縣長蘇治芬也現身來說法，讓大家看到六輕爆炸後她身為地方首長的無能為力。」一九九一年，六輕在麥寮居民舞龍舞獅、熱烈歡迎下進駐，如今工安事故頻傳，台灣大學公共衛生學院教授詹長權的研究更指出，六輕所造成的空氣汙染，已經使得雲林縣六個鄉鎮的癌症發生率與死亡率增加。八八水災之前，國光石化位置鄰近濁水溪口，水災後，馬上變更北移四公里，也讓居民疑慮往後若填海造陸設廠，阻礙了泥沙沖往大海的路徑，恐會釀成大災。二〇一〇年九月二十七日，彰化縣環保聯盟、芳苑反汙染自救會、彰化縣養殖漁業發展協會動員近千人，在彰化市發起「為子孫、為健康，國光石化滾！遊行」。他們頭上綁著「顧生命，反國光」的黃布條，手舉「八輕國光石化、危害生命財產」旗幟。這場遊行中有很多是上了年紀的長者，世代靠海維生，熱愛故鄉樸實簡單的生活，他們放下工作包圍縣政府，希望縣政府能和人民站在一起，無奈縣政府卻只回應「尊重環評」。

## 反抗汙染，守護白海豚

在台灣的西海岸，住著一群白色「鯨」靈——白海豚，牠們主要分布在苗栗到台南沿海，每年農曆三月媽祖誕辰前後，時常可以在海上見到牠們美麗的白色身影，時而悠游在藍色的海下，時而開心地跳躍在金色陽光裡。傳統的民間信仰認為白海豚是在向媽祖娘娘祝壽，因此漁民稱之為「媽祖魚」。

可惜的是，這群可愛的白海豚因為過去彰濱工業區，以及雲林麥寮六輕廠區填海造陸與廢水排放的關係，僅存不到一百隻，即便已被列為國際級瀕危物種、民間團體不斷向政府爭取設立保育區，卻始終得不到官方正面回應——倘若國光石化開發案順利通過，更將影響其洄游的路線，造成白海豚絕跡。

二〇〇七年一月二十八日，台灣生態學會、台灣永續聯盟、台灣環境保護聯盟、雲林縣野鳥學會、福爾摩莎鯨保育研究小組、彰化海岸保育行動聯盟及台灣蠻野心足生態協會等七個非政府組織，共同成立媽祖魚保育聯盟。他們決定以守護白海豚為宣傳主軸，期盼用可愛的動物形象軟化反國光石化的論述、拉近與民眾的距離。特別的是，他們運用白海豚「媽祖魚」的暱稱，將民間宗教色彩帶入環境運動中，設計出一連串相當有創意且掌握在地元素的行動。

例如，連續三年在大甲媽祖八天七夜的遶境中，手工打造白海豚造型的花車加入遊行陣頭。一開始，媽祖魚保育聯盟的陳秉亨等人因為沒參加過媽祖遶境活動，還特別詢問了鎮瀾宮總幹事的意見，並找來創作台西國中〈希望之海〉蚵貝壁畫的藝術家蔡英傑，製作了長達兩公尺半的大型白海豚。

一路跟著熱鬧的遶境隊伍前進，炮聲隆隆、煙霧瀰漫，搞不清楚行進的方向與相關習俗，也不懂得爭取媒體曝光，一切誤打誤撞。施月英說：「跟著隊伍前進的時候其實效果還好，因為信徒都顧著拜拜，後來我們站在定點發傳單，引起的注意就比較多。」而陳秉亨在接受《中國時報》採訪時則表示，搞環保和民間媽祖信仰沒有衝突，都是關懷苦難大地；海豚和漁民生計並沒有衝突，海洋資源越豐富，海豚才會越多，漁民生計才能照顧。讓守護漁民的媽祖信仰結合環保運動，希望大家不會再覺得環保團體只顧海豚不顧漁民。

此外，他們也在芳苑的白馬峰普天宮舉辦「搶救濁水溪、守護白海豚」音樂會、台灣白海豚盃路跑賽及生態導覽等輕鬆的休閒活動，讓大眾能親身體會西海岸之美，同時強化對國光石化開發案的關心。

不過，施月英也表示，辦活動主要是希望能增加媒體曝光，但地方記者很多都有上頭長官的壓力，「我們新聞稿都發了，他們還是不來。」巧的是，二〇一〇年七月七日，時任行政院長的吳敦義在接受記者採訪時表示：「白海豚自然有牠生存、游水的路徑，牠也會轉彎。車子就是一直往前走，魚也會轉彎的。」此言引起全國撻伐，網路上出現大量惡搞影片，諷刺其為「白賊義」（說謊義），也引起電視政論節目大量討論，頓時對反國光石化議題的關注，從彰化在地擴大到全國。因此，連彰化縣環保聯盟的理事長蔡嘉陽都說：「真的要感謝吳敦義的失言。」

## 讓環境交付信託

反國光石化運動擴散到全國，除了「白海豚會轉彎」的刺激之外，也包括了「全民來認股，守護白海豚」行動。

國光石化對環境的衝擊不僅止於傳統農漁業和白海豚，還將影響彰化海岸的溼地生態。台灣兩大河系濁水溪與大肚溪，分別從彰化縣境內的南北兩界出海，形成廣大的海岸潮間帶。雖然北彰化海岸在一九七七年就被開發為彰濱工業區，然而南彰化海岸仍是世界上罕見珍稀的泥質灘地，雖不是大山深海的月牙灣，也不是潔白可人的貝殼沙灘，但是這樸質素麗、柔韌內斂的黑色灰泥卻擁有豐富有機質，孕育了無窮盡的自然生命，只要光腳踏進，就可以感受到招潮蟹和彈塗魚輕觸腳底。同時，這裡也是白海豚洄游覓食的棲地、淺海養殖漁業區及國際候鳥重要的覓食地。

而這塊泥灘溼地更是彰化在地人閒暇流連的好去處。作家莊芳華在〈不只為了白海豚〉一文寫道：「我們來這裡眺望大海、吹海風、看落日，大人、小孩相伴散步玩耍，看招潮蟹如何與人捉迷藏，看飛翔的海鳥，黃昏時，映著彩霞回到棲息的小山崙，然後漫步到漁港吃海鮮、炸蚵粿，享受自然賦予我們的生活恩寵。」

可惜在國光石化公司眼裡，這塊地無甚用途，正適合拿來填海造陸，做設廠基地。大城溼地和漢寶溼地早在二〇〇七年就應該進入國家重要溼地名單，卻百般受阻，有心人士擔心劃入保育溼地就會影響開發。二〇一〇年，營建署準備於國際溼地日公告的前夕，行政院卻又收到國光石化公司發函來關切彰化海岸列入國際級溼地，要求解決開發與保育的衝突，因而暫緩公告。

外傳國有財產局將以每平方公尺一百元的低廉價格，將超過二千公頃的泥質潮間灘地賤賣給國光石化公司，填海造陸設石化廠，於是，為了保護這塊無價之寶，二〇一〇年四月十一日，社團法人台灣環境資訊協會、彰化縣環保聯盟、台灣媽祖魚保育聯盟、荒野保護協會、主婦聯盟環境保護基金會等團體共同發起「全民來認股，守護白海豚」的環境信託行動，是台灣歷史上第一個環境信託案。號召全民認股，以每平方公尺為一股，一股一百一十九元，透過網路募款，上網填寫「認股意願書」，希望募集兩億三千八百萬元，向國有財產局購買濁水溪口的溼地以及白海豚的洄游廊道，以攔阻國光石化開發。

環境信託最早源於英國，是一種集合民力及各方力量共同參與的環保事務方式，以契約簽訂，讓「棲地環境」不再只能交由政府或私人掌握，而能選擇、交付所信任的人或組織來管理，達到環境保育、永續發展的目的。

認股行動以區域取名，可以認股「河口」、「黑潮」、「招潮蟹」、「牡蠣」，也可以認股「夕陽」、「觀浪」、「海風」，將一個地方的美、生態和人文風情，與全民共享，而不是傷害原來的風貌來讓少數人致富。這塊美麗的溼地並不屬於個人，而是「我們」，這個「我們」是責任。

雖然溼地信託在呈送上遭到內政部的百般刁難，但透過全民認股，擴展了反國光石化運動的社會基礎，連結到廣大的都市中產階級，才三個月就有超過三萬五千人參與，認股數超過一百五十萬股。施月英指出，認股名單中最高比例來自台北，其次是台中，再來是彰化。也因此，二〇一〇年十一月十三日在台北的「石化政策要轉彎，環保救國大遊行」上，得以看到許多都市人挺身而出，就連過往避免政治爭議的荒野保護協會也組織隊伍上街。

## 大規模環境守護青年出線

二〇一〇年十一月十三日的大遊行，約有八千人走上台北街頭。除了環保團體、公民團體外，也包括學界、醫界人士，更有辛苦北上的彰化鄉親，而飽受六輕毒害的雲林縣更動員了兩千五百位民眾。當天雖然天氣陰冷、下著微微細雨，但大家仍齊心呼喊「反國光，救台灣」的口號，並在凱達格蘭大道上舉行晚會，投射「石化亡國」雷射燈標語在總統府上，向政府表達對石化產業及政策的質疑。

在遊行隊伍中，有一群全身塗滿寶藍色顏料的年輕學生，熱力而誇張地扮演電影《阿凡達》裡保衛家園的納美人，他們喊著「台灣要發展、社會要進步、拒絕高汙染」的口號，表達「擴張石化工業、排擠綠色產業、青年不屑就業」的訴求一路前進，令人印象深刻。

大規模的青年投入，也是反國光石化運動的明顯特色之一。由台大、清大等二十幾所大專院校學生組成的全國青年反國光石化聯盟，是運動中最重要的主力。聯盟中有不少成員最早是因台灣農村陣線於每年夏季舉辦的「夏耘」營隊，以小組的方式在在芳苑與王功進行訪調，深刻體驗當地農漁民的生活、了解蚵經濟的產業鏈、溼地的環境生態之後，開始質疑開發建設、提升偏鄉發展的迷思。

雖然小組成員大部分沒有所謂的社運經驗，但隨著國光石化開發與否的爭議，成員憑藉著訪調與當地建立起的情感，架設網站、組織全國青年反國光石化聯盟，希望讓社會重視漁民生存權與永續生態環境，表態反對高汙染的石化業者進駐。

二〇一〇年九月二十七日的彰化在地遊行，小組成員包下遊覽車到彰化聲援鄉親，並且在遊行結束之後，帶著許多從未到過當地的朋友，一起同遊芳苑漁村。他們希望不僅是透過理性的論述說服別人，更要以直接的互動經驗，重新建立學生與在地鄉親、人與土地的關係，並連結起城鄉、世代與階級過往涇渭分明的裂隙。

同時，全國青年反國光石化聯盟也在各大校園裡做議題的紮根，自行培力宣講員，舉行講座、義賣、讀書會，製作紀錄片與海報等一連串具體的行動，使得國光石化的開發議題得以在各大專院校間擴散開來；網路也扮演著重要的民眾動員和訊息散播角色，在反國光石化的運動中，曾推出不少諷刺的短片，如《蓋國光讓你褲子脫光光》，也有人將《阿凡達》、《全面啟動》預告片改配字幕，加強議題的宣傳，以「Kuso」有趣的方式，拉進更多年輕人的關心。

二〇一一年一月初，國光石化提出縮小規模，工業局表示「經調整規模後，國光石化過關應該非常樂觀，要展現政府政策說到做到」等意見，引發民眾質疑政府幫財團強力闖關，國光石化通過環評勢在必行。因此，在一月二十五日，彰化高中、彰化女中有兩千多位的同學參與連署，發起下課十分鐘戴口罩靜坐的行動，表達捍衛家園、反對國光石化的決心，引起主流媒體關注。

一月二十七日環評專案小組第四次會議召開前一晚，全國青年反國光石化聯盟在台北賓館集合，提出「國光石化，立即撤案」、「保障農漁永續，守護糧食安全」、「立即劃設為國際溼地」等訴求，遊行至環保署，並公布四千餘名全國青年連署反對國光石化開發名單，由青年學子們一一點亮燭光，為彰化的國際級溼地、白海豚與彰雲地區農漁民祈福。隔日換得「補件再審」的決議。二〇一一年四月二十一、二十二日的第五次專案小組會議前夕，全國青年反國光石化聯盟還推出預言停止開發的「四大蚵報」，這幾份模仿主流媒體排版的《蘋果蚵報》、《自由蚵報》、《中國蚵報》、《聯蚵報》，都是由學生親自設計、撰寫，並在街頭向路人發放。報中綴以「白海豚表示」、「八卦山大佛呼籲」等擬人化修辭文字，還有幽默的廣告「反國光送烤箱」、「今日我最美」放謝素阿嬤的美女照片等等，兼具創意和異議的精神，打破過往社運悲情的形象，以新穎而活潑的形式，充分展現青年學子的熱情和創意，吸引大眾自然參與其中。

## 備受爭議的環評會議

回到二〇〇九年八月，副總統蕭萬長在台北遠企宴請國光石化的股東，向他們保證環評只是一個必要的程序，請股東稍安勿躁，國光石化的環評一定會過，並且指示政務委員成立專責小組加速國光石化的開發作業。這不禁讓人懷疑環評制度存在的目的何在？環評真的能發揮其為環境把關的精神，還是已被當作一個無效行政環節來看待？它是否還具有一定的公正與專業性，或是早已淪為政策背書的工具呢？

一九九四年十二月三十日，台灣開始實施《環境影響評估法》，由環保署組成環評委員會，藉由程序的透明化、開放民眾參與，要求一定規模以上的開發案應該在事前進行環境影響評估，以預防並減輕開發案所造成的破壞。這套制度看似理想，然而在運作上卻時常受到政府與開發單位干預，環評委員大多是由行政單位指派，與行政單位意見相左的委員自然不易被邀請與會。同時，環保署雖然開放民眾參與環評會發言，但又經常設下重重阻礙，甚至動用大批警力不准民眾進入會場，讓環評會議總是被貼上黑箱作業的標籤。

如今，反國光石化運動卻讓環評會議成為一個全民參與監督的運動。二〇一一年四月二十一日，環評審查的前一天，反國光石化青年聯盟就舉辦了「遍地反國光，永續護台灣」行動，號召台北、新竹、台中、彰化、雲林、台南與高雄的朋友，在各地舉行小遊行，展現全台人民共同捍衛環境的決心。

第五次環評會議召開時，環評會議場外，集結了近千名的彰化鄉親和青年學子，在大鼓陣中高唱青年反國光石化戰歌、大聲呼喊「公正環評」的口號，要求審查委員秉持專業與道德良知，公平進行審查。也透過會議現場的網路即時轉播，讓場外，甚至是電腦前的網友，都能一同加入監督環評的行列，這對審查過程造成莫大的壓力。

終於，在二〇一一年四月二十二日的世界地球日，環評會議主席蔣本基裁示，「有條件通過」與「不予開發」兩案並陳。隨後馬英九總統召開記者會，表示不支持國光石化在彰化設廠。反國光石化運動總算告捷。

## 反國光石化運動的未完成

在馬總統公開表示「不支持國光石化在彰化設廠」的記者會中，他留下但書：「我們一向肯定石化業對台灣的貢獻，石化業當然是台灣重要的產業，我們絕對不會放棄，也不能放棄。」政府顯然沒有深切去檢討這段時間各界對石化產業的疑慮，面對政策轉彎、產業轉型，尚有一條漫長的路要走。

而另一件令人搖頭的事件，則是中興大學環境工程系教授莊秉潔，在國光石化開發案期間曾提出一份研究報告，指出六輕營運後造成周邊居民罹癌率攀升，倘若國光石化設立，將會影響全台人民平均壽命減少二十三天。台塑公司認為莊秉潔的研究證據不足，並以造成六輕周邊居民恐慌、詆毀台塑名譽為由，對莊秉潔提出刑事與民事告訴，求償金額高達四千萬。有權有勢的財團如此惡霸，絲毫不尊重學術專業，盛氣凌人地打壓異己意見。

雖然國光石化最後被台灣民眾擋下，但馬來西亞政府卻開始預備在邊佳蘭地區填海造陸，開發石化產業專區，一共五家業者的投資案，國光石化就是其中之一。

反國光石化運動最精彩、也最重要的核心，莫過於公民對於「社會發展」的辯論與激盪。愛因斯坦曾說過：「不是所有可以計算的東西都是重要的，也不是所有重要的東西都能夠計算。」ＧＤＰ、國民所得、世界排名，或許是國家發展的重要指標，然而若一味大興土木，開發未開發的地方、使勁讓經濟高度發展，台灣的天然條件能否負擔？亮麗的數字背後，是否暴力地剝奪了小農民、小漁民安居樂業的生活？好的國家發展方針，應當落在盡力推動適宜環境永續的政策與產業，才能創造出未來更好的生活。

1 指聚乙烯PE、聚丙烯PP、聚苯乙烯PS、ABS樹脂以及聚氯乙烯PVC。由於廉價耐用，故大量使用在工業、商業及生活上。

2 Gross domestic product，國內生產毛額，又稱國內生產總值。一定時期內（季或年）國家（或地區）經濟生產總和的市場價值（Market value）。

3 東麗紙廠股份有限公司在新寶地區建造以廢紙為原料的大造紙廠。王功地區居民意識到該廠如開工運作，每天抽取萬噸地下水，勢必加速地層下陷，排放大量汙水，衍生出廢棄物處理等問題，因而組成反東麗自救委員會。東麗紙廠遭遇抗議最後無法開工運作，是台灣環保運動中相當成功的抗爭事件。

# 勞工

經濟的大餅頭家吞，台灣的工人無春
野生的動物伊孝孤，幕後的英雄攏無份
我咧福氣啦福氣啦福你一摳屁
福氣啦福氣啦福你一摳毛
福氣啦福氣啦福你一摳屎
福氣啦福氣啦么壽的頭家賺飽作伊走

——〈福氣個屁〉黑手那卡西

# 勞動權抗爭紀錄

## 關廠工人案、華隆工人案與國道收費員案

陳淑敏

哪會哪會走來抗爭這條路
不是我吃飽閒閒，望你來諒解
哪會哪會走來抗爭這條路
堵到惡質頭家款錢做他走
因為政府沒卡阮照顧
逼咱走到抗爭一條路
不願承認打拼認真做頭路
換來悽慘，身軀沒半元
——〈抗爭這條路〉全國關廠工人連線

「三百名關廠工人在晚間八點三十分，從台北火車站月台跳下軌道以肉身阻擋火車進站，阻擋了上萬名乘客回家的路。」

「一群國道收費員在選舉前一日突襲中山高癱瘓國道，冒險爬上ETC門架，甚至用鐵鍊把自己綁在門架上，造成高速公路回堵十公里，嚴重影響用路人權益。」

電視上播映勞工抗議的新聞畫面，報導重點往往放在激烈衝突場面，讓人難以理解勞工的抗議訴求，為何不能使用體制內的申訴管道，更不解是什麼樣的困境逼著他們走上街頭。而新聞最後，也多以譴責的角度，去苛責抗議人士妨礙多數人的權益，造成社會大眾日常不便作結論。

關上電視後，回到自己的日常生活，規律上班下班，假日追求小確幸的休閒生活，渾然不覺那些抗議的工人們與自己的生活有任何關聯，甚

至忘了一個明顯的事實，每一個領著老闆薪水的小小上班族，其實也都是勞工階級的一份子，跟那群抗議的工人一樣，受相同的《勞基法》所保障，他們用身體衝撞去凸顯的法律漏洞，有一天我們也可能深受其害。

當我們看到這一群群受壓迫者的身影，必須警覺到每一個人都有可能成為關廠工人、收費員，而他們臥軌、爬ＥＴＣ門架、絕食，所爭取來的都是關係到你我現在以及未來的勞工權益。

## 從台灣錢淹腳目到22K崩世代

在台灣經濟起飛的年代，政府以低勞力成本、勞力密集產業，創造了台灣經濟奇蹟，六〇年代政府制定「獎勵投資條例」，外銷導向的工業起飛，以製造業為重心的傳統產業在八〇年代達到顛峰。

同時，全球化浪潮席而來，歐美國家開始奉「新自由主義經濟學」為主流，反對國家過度干預市場，讓金融市場自由化、支持國營企業私有化、勞動市場彈性化等等政策。

一九九六年，台灣國內服務業逐漸取代工業成為經濟發展動力，再加上政府提倡南進政策，鼓勵中小企業將產業外移至東南亞國家，以尋求低廉的勞力成本，大批成衣紡織業者紛紛將產業重心南遷至越南、泰國等海外國家，一夕之間，許多大型工廠紛紛惡性倒閉，老闆將資金廠具遷往海外，留下台灣一個個倒閉的工廠，領不到薪水的大量勞工。

關廠工人跟華隆工人便是在這樣的時代背景下產生，他們奉獻了大半輩子的青春與勞力給公司工廠，支撐起台灣經濟起飛的黃金年代；在公司營運陷入困境的時候，共體時艱被迫凍薪減薪；在本該安享晚年的時候，老闆掏空資本潛逃海外，上百萬的退休老本憑空消失。

當年，卻沒有一條法律幫得上他們。

### ●案例一：關廠工人（一九九六至二〇一四年）：一生中被迫臥軌兩次的工人悲歌

所謂的關廠工人並非單指特定「某一家」工廠的工人，他們是國內多家工廠倒閉浪潮下，被惡意拋棄的大批工人們所集結起來的「全國關廠工人連線」，簡稱「全關連」。

一九九六年到一九九八年數年間，聯福紡織、新光紡織、東菱電子、耀元電子等大廠陸續倒閉，造成數千名工人失業，平均每間工廠都積欠所有工人高達一、兩億的退休金、資遣費。他們找老闆、老闆不理，找地方政府，地方政府聲稱無法處理，找勞委會陳情，本該保障勞工權益的勞委會竟然也束手無策，在所有合法管道都試過的情況下，他們被逼著走上激烈的抗爭道路。

一九九六年十二月二十日，聯福紡織自救會工人們在工運人士曾茂興帶領下，數百名工人突襲桃園鐵路平交道，集體臥軌阻擋火車通行。這是台灣首次工人臥軌抗議行動，震驚全台社會大眾。

在面對工人如此高壓抗爭手段，以及時屆選舉期間的壓力下，勞委會終於讓步，時任勞委會主委許介圭承諾以「代位求償」的方式，從「就業安定基金」支出，由政府代墊十億元，代替落跑的老闆賠償關廠工人的損失，並聲稱這筆錢之後會向資方追討，讓工人們可以放心收下這筆政府代墊的退休金及資遣費。

隔年，一九九七年七月，勞委會積極修法，頒布了「關廠歇業失業勞工促進就業貸款」，透過法令上的修正保障，給予關廠工人補償，並在年底十二月一日貸出四億四千九百九十九萬四千四百九十五元，總計一千一百多人受惠。

有鑑於舊制《勞動基準法》不夠完善，未免之後再有類似關廠工人拿不到退休金等情事發生，勞委會更積極修法，在二〇〇五年推出《勞工退休金條例》，也稱「勞退新制」，也就是於從舊版《勞基法》另外獨立出《勞工退休金條例》，要求所有公司必須為每個勞工開立退休金專戶，按月提撥不低於工資百分之六的退休金，儲存於勞工的退休金個人專戶，不因勞工轉職或公司關廠歇業而受影響。

從現在看來，一九九六年若沒有聯福紡織工人的臥軌抗爭，就沒有「關廠歇業失業勞工促進就業貸款」補償千名工人的困境，更沒有後續的「勞工退休金」新制，強制雇主必須為勞工按月提撥退休金，讓現在每一個工作者都享有「退休金專戶」的保障。

當時拿到政府「代墊」退休金的關廠工人們，也以為他們終於得到最後的勝利，可以安享晚年。

## 老闆欠我錢，十六年後怎麼變成我欠政府錢？

二○一二年六月，工人們忽然收到勞委會寄來的支付命令，意即要求他們必須把當年政府「貸款」給他們的退休金全部歸還國庫，總共六百二十五戶工人收到共計兩億三千八百萬的追討。

明明當年口頭上說的是代替資方償還的「代位求償」，十六年後勞委會卻聲稱那是「貸款契約」，勞委會更編列了兩千多萬的預算，請八十個律師對三百多位老工人提告，要求償還本金及利息。而且收到支付命令的不只是工人自己，當年被視做「保人」的家人，甚至是全家人都一起收到政府的「支付命令」追討，認定他們就是欠政府這筆錢。

於是三百多位老工人及其家人們，又重回十六年前的惡夢。

為什麼政府總是找不到真正欠債卻逍遙國外的老闆？卻反而一再壓迫無權無勢的底層勞工？對這一群已經六七十歲的老工人們來說，十六年前好不容易爭取來的退休金，本來就是他們應得的，當年的代位求償明明是政府要去跟老闆追討，如果當年知道簽下的是「貸款借據」，他們也不會這樣傻傻簽下，讓老了以後還要被討債。

二○一二年，全國關廠工人連線十六年後重新集結，六七十歲的老工人們拖著年邁身軀，重新走上街頭。二○一二下半年，關廠工人投入大大小小近二十場的抗爭，台北車站靜坐、夜宿勞委會廣場、西門町六步一跪至總統官邸、聖誕節至總統官邸報怨音等等，勞委會依然堅持不撤銷訴訟，持續跟關廠工人討債。

## 應得老本被打折，十七年後重新臥軌爭尊嚴

二〇一三年二月五日，勞動部與就業安定基金委員會開會，研擬關廠工人解套方案，最後提出「三六九補助方案」[1]，也就是依照每位關廠工人的年紀、經濟狀況等不同條件，做出不同程度的折扣補助，但前提是依然要還款。

「三六九補助方案」出爐後，現場並沒有任何官員出面，直接與工人們當面對話，反而是逕自在勞委會大樓內部的記者室內，單方面地對著媒體宣讀「三六九補助方案」記者會。

在勞委會大樓外的關廠工人們得知結果，對勞委會大門怒丟雞蛋，怒喊「撤告撤告！」「無能馬政府，討債拼經濟」，完全無法接受勞委會這看似善意的補助方案。他們認為這筆錢，從頭到尾根本是政府該向資方追討的，並且堅持，勞委會若真有誠意要解決，還給工人們尊嚴，最應該做的是「全面撤銷工人告訴」，而非施捨般地打折，實則還是追討工人還款。於是三百多名關廠工人在晚上徒步前往台北車站，靜坐占領月台，希望勞委會主委潘世偉能親自出面與他們對話，如果等到八點，主委潘世偉再不出現，他們就要直接跳下軌道。

關廠工人們靜坐在南下月台，唱著他們的抗爭歌曲。全關連幹部們也拿起麥克風試圖向月台上的乘客解釋：「各位台北車站的旅客大家好，我們是全國關廠工人連線，我們這個團體在十六年前就組成了，因為當時政府根本就不肯監督勞工退休金帳戶，以及放任老闆惡性關廠，積欠勞工資遣費，積欠勞工退休金，很悲哀地，十六年後這個問題政府仍然無法解決。華隆是一個例子，榮電是一個例子，現在連國營事業都被倒帳，十六年前他跟我們說要解決退休金資

遣費的問題，現在十六年後政府花了兩千〇五十六萬請了八十五個律師，要來控告我們這些工人，要把我們當年的資遣費跟退休金再討回去，各位請問這樣公平嗎？」

遲遲等不到主委潘世偉出面的情況下，關廠工人們在晚間八點三十分，約一百名工人一舉躍下月台，手勾手躺上軌道，正要進站的火車發出刺響的鳴笛聲，接著緩慢停了下來。月台上的乘客、鐵軌上的工人、執勤的警方，三方對峙，現場開始產生混亂騷動。

躺在軌道上的工人繼續怒喊「無能馬政府，討債拼經濟」，一部分警察在月台上阻止更多工人跳下，一大群警察也跳下鐵軌包圍臥軌工人。月台上的旅客開始躁動不安，怒罵軌道上的工人：「我們要回家！」、「你們已經影響到大家的權益了。」、「抗什麼議啊！你們要死死遠一點嘛！」、「輾過去啦！」

警方舉牌警告後，開始清場，將軌道上的工人們逐一抬離，警方與工人們也爆發更激烈的肢體衝突，關廠工人連線幹部陳秀蓮在被警方抬離的過程中奮力抵抗，身軀更數次摔落在軌道上，警察喝斥：「那你自己起來！不要妨礙公務！你自己起來！」陳秀蓮被抬上月台後，仍然繼續大喊抗爭訴求：「我們要求勞委會撤告，這是他們的棺材本，憑什麼告他們！十六年前逼他們，十六年前告他們，這是什麼政府啊！這是什麼政府啊！」一旁的員警下令：「妨礙公務，把她帶走，逮捕！」多名年邁的工人，也同樣遭到警方的強制抬離，更不時爆發肢體推擠。

另一邊月台上的乘客，因為回家受阻，按捺不住焦躁的情緒，也開始對著軌道上的工人齊聲叫喊：「拖走！拖走！拖走！」警方花了半個小時，抬離軌道上的工人，九點左右，軌道恢復淨空，火車重新啟動。

東菱自救會的工人陳滿屏面對記者憤怒表示：「勞委會從來不直接面對我們，只會發新聞稿面對記者，提出一個三六九解決方案。我們不允許勞工權益被打折，那明明是我們的退休金，為什麼十六年後還不能解決，從去年收到支付命令到現在已經等八個月了，都十六年前的事了，我們已經忍無可忍，我們痛恨這個無能的政府，我們要用臥軌、癱瘓交通，來讓這個社會知道政府是多麼的無能。」

警方最後帶走八名自救會幹部，剩下的工人們坐在月台上不肯離去，希望等到警方放人回來。由於許多工人已年邁，擔心大家體力不支的情況下，關場工人們決議在晚間十一點先行撤離。

二〇一三年三月，勞委會陸續推出「六七九」、「七八九」補償方案，依然希望能透過折扣償還貸款的方案，視工人不同年紀、經濟程度，給予七成、八成或九成的還款補助。有部分工人最後妥協，接受「七八九補償方案」還款，但全國關廠工人連線經內部開會討論後，三百多位成員中仍有超過兩百九十位，即絕大多數的工人仍堅持不接受補償，要勞委會全面撤告。

## 勞委會前上吊、絕食

二〇一三年四月二十八日，關廠工人重新回到勞委會門口，演出「上吊行動劇」，並宣示展開無限期絕食抗爭。現場四位工人將自己懸掛在鐵竿上二十八秒，象徵他們經歷了資方倒閉，老本全無，政府討債，這十六年來的種種壓迫簡直是逼工人上吊。關廠工人重申訴求：勞工權益不打折，勞委會全面撤告，修《勞基法》二十八條；隨後並宣布展開絕食行動，其中一名高齡七十八歲的老工人，興利紙業自救會會長林廷泉，也參與絕食行動行列。

絕食活動進行到第三天五一勞動節，工人們已經絕食超過七十二小時，勞動部依然冷處理不出面理會，在勞動節當天顯得格外諷刺。工人簡素卿阿姨，她當年在工廠做了三十年直到關廠：「我以前還拿過全國模範勞工欸，如今模範勞工竟然領不到退休金，我現在還不是坐在這裡抗議！我看馬總統也不用去接見五一模範勞工了！」

全關連幹部林子文痛批：「十六年前我們在勞委會前絕食，當時主委許介圭二十八小時後就來見我們，承諾一個月內提改善方案。這次我們已經在勞委會絕食超過七十二小時，沒有任何一位高官表達關心。」

五月六日，工人絕食進入第八天，勞委會主委潘世偉在立委的質詢逼問下，同意讓職訓局人員前往與關廠工人協商，而全關連絕食行動進行到第一百九十三小時，終於暫時告一個段落。

而在關廠工人抗爭一年多以來，法院內的訴訟官司也仍在持續進行，二〇一四年十二月，全台仍有五百五十八件關廠工人訴訟案件進行審理。全關聯也只能持續進行大大小小的抗爭，期望社會大眾能夠繼續關注切身相關的勞工權益，並持續給勞委會壓力。

## 遲來的勝利，還關廠工人尊嚴

二〇一四年三月七日，台北高等行政法院做出判決，駁回勞動部（原勞委會）告訴，關廠工人勝訴。判決中說明，關廠工人案屬「公法爭議」，勞動部當年借貸這些款項是補償性質，勞動部請求權五年時效已過，因此已消滅請求權，無權請求。勞動部可再上訴。

在法院外聽到判決結果的工人們，手上捧著逝去工人的遺照哭成一團：「有些工人已經等不到這個判決，含怨而走了。」一張張遺照裡的老工人們，當初身上都是背負著欠債的汙名離去。

三月十日，勞動部對外發表聲明，尊重法院判決結果，全面撤告停止上訴。

全國關廠工人連線的勝利，是台灣工運抗爭十多年來，少見的勝仗，也是這群老工人們用他們的生命力和血淚堅持下換來的戰果。但是關廠工人也只是其中一個案例，台灣目前仍有更多「勞資爭議」、「關廠案」不斷重演。唯有讓《勞基法》與時漸進的修法，才能真正保障到更廣大且弱勢的勞工族群。

同一期間，另一批「華隆工人」也在爭取《勞基法》二十八條修法的路上，奮戰不懈。

## ●案例二：華隆工人（二〇一二年至二〇一四年）

「頭份到台北走一百公里，很近；工人和總統隔一百公尺，很遠。」——華隆工人徒步百里北上陳情（二〇一二年八月十四日至八月十七日）

二〇一二年八月十四日，五十名華隆工人代表徒步苦行，從苗栗頭份出發，沿著台一線走了四天三夜，北上至台北總統府陳情，這群年近半百的工人們相互扶持，走到腳底長滿水泡，手撐拐杖，還是不放棄地走完這一百公里，以徒步苦行象徵他們多年來抗爭的堅定意志。八月十七日上午十時，華隆工人抵達總統府，代表進入總統府陳情，最後換來：「馬總統知道了，但是總統府沒有權責處理……」

而這已經不是華隆自救會第一次北上陳情，這一群年近半百的工人，為公司奉獻大半輩子，半數員工年資超過二十年，卻被資方華隆逼迫放棄年資、上百萬的退休金，從二〇〇一年起，更被公司以各種名目扣減薪水，領不到年終獎金、三節獎金。十幾年來，華隆一邊以各種惡劣手段剝削勞工，一邊陸續將工廠、資金轉移至越南、大馬，留下台灣最後一間苗栗頭份廠，以及數百名領不到退休金資遣費的工人。

## 紡織業的黃金年代

華隆紡織創立於一九六七年，是台灣第一間聚酯絲生產廠，八〇年代台灣紡織產業達到顛峰，是全世界名列前茅的化學纖維大國，紡織工業年產值將近六千億元，華隆年營收動輒突破上百億元，也曾列台灣前十大民營企業，底下有上千名員工，鶯歌、桃園、大園、中壢等多間工廠。

九〇年代末期，全球紡織品產量供給過剩，紡織業出口額開始逐年衰退，同時間也受到一九九六年政府的南進政策影響，使得華隆如同其他傳統企業一般，為追求更低廉的勞力成本，紛紛將工廠外移至東南亞。

## 凍薪、減薪、扣薪，老本吃乾抹盡

華隆逐一將鶯歌、桃園、中壢等本地廠陸續關閉或轉讓拍賣，最後剩下苗栗頭份二廠。一九九七年，華隆紡織實施凍薪，不再調漲薪水。一九九九年公司開始取消工人的年終獎金，二〇〇一年八月，華隆紡織開始積欠員工薪水，甚至開始減薪，二〇〇四年直接將員工平均薪資砍三成，二〇〇八年開始實行「生產效率制」，倘若員工生產效率達不到百分之一百三十，便領取不到百分之百的薪水，另實施無薪假制度，導致將近五成員工領不到最低薪資。有員工說：「這樣扣下來，每個月能領到一萬五就阿彌陀佛了。」還有一群本來在二〇〇三年申請退休的老員工，被要求簽下「退休金延遲給付契約」，明訂二、三年分期給付，三年後這張「退休金延遲契約」卻形同廢紙，什麼都拿不到。

華隆老員工們一心相信資方的承諾，願意與公司共體時艱，忍耐十幾年的壓榨剝削，以為最後可以拿到他們應得的老本。直到二〇一二年華隆竟然逼迫員工放棄所有年資，華隆員工們才徹底覺悟，決定展開大規模抗爭拿回老本。

二〇一二年，華隆負責人名義上另外開了一家子公司「紡安」，要求原本的華隆員工轉職到「紡安公司」，在原本的廠址工作、使用原本的設備，華隆用這樣的手段要求員工放棄在華隆的所有年資，等於是退休金資遣費全部歸零，硬性強迫員工轉職紡安。如果員工不願意，留在華隆則將減薪三成，或使用各種手段逼迫員工離職。以人頭公司名義逼退員工的惡劣手法，華隆卻仍然不斷聲稱，「紡安」跟「華隆」是不同公司。

二〇一二年六月華隆紡織工會開始與資方談判，要求清償積欠薪資，談判破裂後，華隆紡織工會六月六日宣布開始罷工。

## 百日罷工對抗華隆五鬼搬運

二〇一二年六月六日，華隆紡織工會開始罷工，參與員工約三百三十名，工會計算總積欠薪資為三點二億元，而資方卻認定只積欠二點六億元。華隆工會的訴求為：「恢復全薪」、「年資依《勞基法》計算」以及「與紡安同工同酬」。員工控訴：「我們這十幾年來被減的工資，被公司拿來繳銀行利息，又發給別家關係廠員工年終獎金、退休金和資遣費，這樣對我們公平嗎？」

在罷工期間，三百多名員工每天到華隆頭份廠簽到，輪班巡守，以防「紡安公司」使用「華隆」原廠的設備出貨。苗栗縣政府也介入協商，要求華隆必須在六月二十日前結清五月的薪資，不料薪資不僅未入帳，華隆更在六月十八日向法院申請破產，不但藉由脫產規避償還勞工薪資，華隆更計畫將總廠的機具遷往海外越南的分公司。

員工們不禁質疑，這十多年來，華隆公司都是有計劃性地進行資產掏空，利用「紡安」人頭公司的名義，將設備、人員從華隆轉手至「紡安」，最後再將所有資產跟設備全部輸往越南廠，讓越南廠繼續營運，惡性倒閉台灣廠，把所有的虧損債務留給台灣工人。如果華隆這十幾年來真的虧損連連，無力償還工資，為何在海外的工廠還能屹立不倒？

而在苗栗縣政府介入勞資協商的過程中，也屢屢失敗，員工六月才開始罷工，卻拿不到五月薪資；資方甚至不斷提出一折（兩千五百萬）、二五折（六千五百萬）、四折（一點〇四億）、五折（一點三億）等等毫無誠意的補償方案，都被華隆工會投票否決，勞工始終堅持：「資遣費八折、退休金六折、全薪計算。」

罷工第七十天，五十多名華隆員工開始徒步北上陳情團，從八月十四日到八月十七日，共花費了四天三夜的時間，步行至總統府，最後僅得到：「總統知道了，但總統府及行政院幫不上忙，只有勞委會和苗栗縣政府可以解決。」步行百里的結果，卻是讓華隆工人猶如人球般，被各部會踢來踢去，不見任何相關單位出面積極介入保障勞工，不禁讓華隆工人們心寒：「頭份到台北走一百公里很近，工人和總統隔一百公尺很遠。」

罷工進入九月，開始出現華隆工人與紡安工人對峙的局面，紡安工人另成立自救會要求出貨開工，紡安公司甚至向法院申請「華隆工人不得阻擋出貨」假處分。九月六日罷工第九十三日，華隆工人包圍紡安廠房欲阻擋出貨，而苗栗警方也認定華隆工人阻擋出貨為違法行為，華隆工人席地坐在工廠外，工人們手勾手並用繩索圈住脖子，警方、華隆、紡安，三方僵持了九個小時，下午五點，警方開始將華隆工人一一抬離，隨著現場逐一清空，紡安貨車準備開出廠房時，突然有工人直接衝進貨車底下，以身體阻擋貨車出廠。華隆工人認為，紡安要出廠的這一批貨，分明有部分是華隆工人所生產，為何最終貨物跟薪資都歸給紡安，資方明顯是惡意分化兩方工人，製造對立，圖利自己。當日，華隆工人最後阻擋紡安暫停出貨。

## 罷工第一百天首勝，華隆爭議尚未落幕

二〇一二年九月九日出現重大轉機，苗栗縣政府開始積極介入，苗栗縣長劉政鴻與資方協商：「資遣費八折、退休金六折、加五月薪資約五百萬，總計一億九千萬分三期給付，在九月十三日前給付二分之一欠薪，約八千萬。」

九月十三日，華隆工人確定收到第一期的款項，宣告百日抗爭暫時落幕。但工會強調，如果後面兩期跳票，工人一定會再度回來。華隆工會理事葉紫慶對於抗爭百日的結果認為：「雖然不滿意，但也只能接受，工會成員已經太久沒看到錢了，這就是我們勞工的悲哀。政府縱容

資方，勞方卻依法也要不回所有權益……」

華隆爭議看似得到解決，但卻是在縣政府的介入下，工人得到暫時的補償紓困。但最關鍵根本之處仍在於法條是否仍更趨完善？倘若《勞基法》第二十八條一日不修法，不將「積欠工資墊償基金」納入資遣費與退休金，如「關廠工人」、「華隆工人」的問題將只是治標不治本，且更加一再重演。

## 不修《勞基法》二十八條，一人只賠兩千元

即使華隆公司申請破產，工廠內剩下機房設備拍賣後的所得，仍然無法轉換成勞工的積欠薪資，這便牽扯到《勞基法》二十八條的規定，倒閉公司的資產拍賣收入，將優先分配給法院及銀行債權人。

《勞動基準法》第二十八條：「雇主因歇業、清算或宣告破產，本於勞動契約所積欠之工資未滿六個月部分，有最優先受清償之權。」也就是說，這條法令僅僅保障到「工作未滿六個月的員工」，不包括其他常見的資遣費、退休金等勞動債權。

倘若公司倒閉，面臨各種債務追討，常見的債務順序多以償還銀行債務為優先，等到輪到勞工的「勞動債權」，早已被瓜分殆盡。

二〇一四年七月三十日，適逢勞基法頒布三十週年，諷刺的是，桃園地方法院分配華隆大園廠的拍賣所得，在二十四點三億的拍賣所得中，多數因為債權比率順序被銀行、財團取得，

和大集團相比，華隆員工每人只被分配到了平均0.0029%的債權，約一百九十萬，而自救會成員有三百三十六人，平均一人只能拿到兩千兩百多元。

**華隆退休員工組自救會，第二階段抗爭**

二〇一二年六月到九月，所進行罷工的工會成員仍為華隆現職員工；而華隆紡織爭議中，另外有一批三百多名已退休的華隆員工，他們本該在二〇〇三年屆滿退休，安享晚年，不料當時卻被資方逼迫簽下「退休金延遲給付契約」，原訂兩、三年內將退休金分二十期付清，然而過了九年，二〇一二年，他們拿著這張契約，仍然什麼都討不到，三百多名華隆退休工人總共被積欠三億元！隨著華隆工會第一波罷工結束後，這群退休工人也在二〇一二年十月組成華隆自救會，奔波各處訴求討回退休金，夜宿勞委會、求助苗栗縣政府及行政院，也曾與「全國關廠工人連線」合作「擴大《勞基法》二十八條薪資墊償範圍」修法陳情，但仍然得不到勞委會的具體解決方案。

**華隆退休工人保圍總公司，不得其門而入**

二〇一三年十一月十三日華隆自救會北上抗爭，歷經各部會陳情，夜宿台北車站，十四日前往台北中和的華隆總公司抗議，他們高舉紅布條：「翁有銘、梁清雄還我退休金」要求資方代表出面，每一個工人手上都拿著一張紙寫明年資跟退休金：「我工作三十年，華隆欠我一百三十五萬」、「我工作二十八年，華隆欠我一百二十萬」，平均每名員工退休金積欠百萬元。他們只能聚集在公司一樓大廳，不得其門而入，自救會會長李翠明帶頭要大家一起撕毀手上早已沒有價值的「退休金延遲給付契約」。而現場警方數度對華隆自救會舉牌警告，要求他們迅速撤離。

幾名華隆女工拿著麥克風對警察喊話：「警察先生，你為什麼要保護壞人！是我們錯還是他們錯？你以為我們是瘋子啊？出來鬧事啊！我們就是生活過不下去了，來拿我們應該拿的老本，我們有錯嗎？」

「我們也想依法，但到處都是拒馬、到處都是鐵絲網，把我們圍住，我們不這樣不行！」

「我努力工作三十年，一百三十萬的退休金沒拿到半毛錢！我兒子薪水22K，怎麼養我？」

## 救救勞工，修改《勞基法》二十八條

二〇一四年八月七日，華隆自救會再度北上夜宿勞動部，希望勞動部能積極介入華隆大園廠拍賣後的清償分配事宜。倘若《勞基法》二十八條不修，勞工只能分到廠房拍賣後二十四點三億其中的一百九十萬元，平均每個人只能拿到兩千多塊；華隆自救會訴求修改《勞基法》二十八條，擴大薪資墊償包含資遣費及退休金；同時也希望能夠比照關廠工人的勝訴先例，由「代位求償」方式墊付，而當時正逢前勞動部長潘世偉辭職，勞動部尚未有人可以出面發言作主。八月二十日，新任勞動部長陳雄文上任，華隆自救會持續對勞動部施壓，要求盡快提出解套方案。

二〇一四年十月六日，行政院通過勞動基準法修正草案，提高勞工債權的順位與銀行債權同等優先；同時勞動部長陳雄文更對自救會喊話，提出兩階段清償計劃：接受第一階段大園廠四點二億，與第二階段頭份廠的三點四億的兩階段清償方案，如此一來就能解決勞工的債權問題。

但自救會成員認為，即便勞工債權提高至與銀行債權同順位，但銀行債權與勞工債權比例懸殊，銀行債上百億對上勞工債七點八億，最後勞工仍然無法分配到全額退休金，按照新版勞基法修正案，退休金只能領到七分之一，資遣費只能領到四分之一。因此華隆自救會仍然堅持以代位求償，退休金百分百不打折，修改《勞基法》二十八條作為最終訴求。

二〇一四年十一月二十六日勞動部長陳雄文親邀華隆自救會代表協商，同意華隆大園廠金額可分配給華隆一千多名員工，平均每人可得到八成債權；兩大債權銀行也同意捐贈兩成債權給勞動部；隔年頭份二廠拍賣後，所有員工將可望得到百分之百清償。

二〇一四年十二月二十九日《勞基法》修正案初審通過，許多勞工團體紛紛集結起來，桃園縣產總工會、全國關廠工人連線、國道收費員自救會等團體，三十日在立法院前召開記者會，質疑勞動債權提高與銀行債權同順位只是假象，重點在勞基法二十八條中，應擴大墊償範圍包括全額資遣費及退休金。現場的勞工不僅是為了自己，更是為了擴大保障各階層勞工的權益。

勞團發言人表示：「如果《勞基法》二十八條修法成功，政府部門再也不用擔心勞工臥軌抗爭，也不會有勞工因為拿不到資遣費退休金而四處陳情。今天我們那麼多團體聚集在這裡，就是要告訴大家，我們工人抗爭不單單只是為了自己，我們希望制度可以真正的改革，不用再像我們一樣走向抗爭的道路。」

二〇一五年一月二十日，立法院三讀通過《勞基法》修正案：

一、提升勞動債權受償順序：勞工被積欠六個月工資、舊制退休金及新舊制資遣費之債權順序提升與第一順位抵押權相同，按債權比例清償；未獲清償部分有優先清償之權。

二、擴大積欠工資墊償範圍：擴大積欠工資墊償基金範圍納入舊制退休金及新舊制資遣費，合計最高六個月平均工資；並將法定提繳費率由現行萬分之十提高至萬分之十五。

三、課予雇主定期檢視勞工退休準備金專戶提撥狀況之義務：雇主應於年終檢視其勞工退休準備金專戶提撥狀況，如不足未來一年內符合退休資格勞工退休金給付所需者，應於規定期限內補足差額，未依限補足者，課予新台幣九萬元以上四十五萬元以下罰鍰。

## ●案例三：國道收費員抗爭（二〇一三年至今）

這幾十年來，台灣經歷過幾波經濟動盪、私人企業裁員、無薪假的風暴下，考取公職，進入公家機關擔任公務員，謀取一份鐵飯碗，成了許多年輕人畢業後的第一就業考量。私人企業會倒、工廠會關，政府機構總跑不掉、倒不了吧？而在現今政府部門底下，有一群員工他們不屬於公務人員，被稱作「一年一聘」的「約聘僱員」，他們不享有公務員福利，也不受一般《勞基法》保障，落於法條間的模糊地帶。他們可能跟其他人做著一樣的工作，卻不享有一樣的報酬。一旦面臨公家機關的組織變動，他們往往是第一批被犧牲淘汰的人力。

### 熄燈後的國道收費站

二〇一三年十二月三十日午夜零時，國道收費站正式熄燈，高速公路全面換上遠通電收的ETC電子收費系統，取代傳統人工收費站。全台灣北中南九百四十二名約僱收費員面臨失業困境。

國道電子收費系統是交通部與遠通電收合作的「BOT案」[2]，意即政府將公共工程移轉至民間企業投資建設，經營一段時間後，再轉移給政府經營。BOT也是新自由經濟主義的特色之一，大量支持私有化，國營企業、公共資源私有化。

最初遠通電收與交通部的合作契約明定「全數安置」，收費員原以為會受到成功的就業轉職跟資遣補償金。直到二〇一四年一月，部分收費員才開始意識到保障失效，全國國道收費員開始進行北中南組織集結，組成「國道收費員自救會」，向交通部、勞動部展開一連串的陳情抗議行動。

當時一般的媒體、社會大眾直覺認定他們為「失業的收費員」向政府「討工作」，進而產生一連串的誤解與質疑聲浪：「明知道會被資遣為什麼不去找工作？」、「本來就不是公務員，只是一年一聘的臨時工啊？」、「遠通又不是沒給他們安置工作，屈就一下換個工作很難嗎？」、「不是有七個月補助金嗎？還想貪心多拿什麼？」

甚至連當時的交通部長葉匡時（二〇一四年）也說出：「就算國道收費不是用ＢＯＴ，而是政府主導，還是必須資遣這些收費員。勞動市場本來就有很多流動性，重點是那些弱者是否有機會翻身？」

## 收費員爭取的不只是工作權

然而國道收費員真的那麼貪心？那麼沒有就業競爭力嗎？

國道收費員自救會真正訴求的，從來不只是「失業」那麼簡單。國道收費員是交通部高公局的「約聘雇員」跟「臨時人員」，他們正代表著現在政府機關大量聘用的一年一聘「非典型就業人員」。約聘雇人員不是公務人員，也不屬於受《勞基法》保障的一般勞工，屬於一年一聘的短期契約工，可被任意解聘；而他們又剛好卡在《勞基法》舊制與退休金新制（二〇〇八年後）的模糊地帶，無法累積工作年資、沒有退休金、更沒有資遣費。

交通部與遠通聲稱，為每一個失業收費員爭取到七個月薪水的「優退慰助金」，而這個七個月的補償金是來自〈公營事業移轉民營條例〉辦法所延伸，但試想，如果一名工作五年的收費員，跟一名工作二十年的收費員，兩個不同年資的收費員，最後完全不計年資，最後都只能拿到七個月薪水離職補償金，這是合理且公平的補償嗎？除此之外，還有另一批收費員是自二○○五年到二○一三年十二月之間陸續被解聘，在國道收費站正式熄燈以前，這一批高達兩百多名的前期失業收費員是拿不到上述七個月的優退慰助金的。

收費員礙於人事單位編列的薪資預算來源，又分為「人事費」支薪的「約聘人員」以及「通行費」支薪的「臨時人員」，若是「通行費」支薪的臨時人員，在二○○八年以後才適用《勞基法》，只計算二○○八年到二○一二年五年年資，共計二點五個月的資遣費；而拿「人事費」的「約聘人員」則完全不享有勞基法保障，無法累計年資、沒有退休金、資遣費。

若以平均年資十三年乘以總計一千一百九十一名被解雇的收費員，在現有的規定漏洞下，他們總共被政府吃掉一萬五千四百八十三年年資。因此自救會主張，不論是約聘僱人員還是臨時人員，不論是否在二○○八年後受聘僱，所有的收費員都應該比照《勞基法》保障，補足年資與資遣費。這也是收費員這一年多來不斷呼籲的口號：「要年資、爭勞保！」

所謂的勞保爭議在於，當收費員轉置新工作後，薪資普遍縮水，與先前月薪的差額將影響到勞保老年給付的計算方式，也是許多中年失業轉職者所面臨到的困境。

由此可見，國道收費員的困境不僅僅是失業那麼簡單，他們更代表了現今台灣職場中，政府企業為壓縮人力成本，大量聘用「約聘僱人員」、「派遣人員」的縮影。自二〇〇四年，即開始有遭財政部資遣的約聘僱人員向勞委會抗議，爭取勞基法保障。歷經十年，約聘僱的問題不但毫無進展甚至越來越浮濫，除了國道收費員外，二〇一五年也出現了新竹市政府臨時裁減六十三名約聘人員爭議。

台灣現今仍存在廣大的非典型就業人口，不是公務員或正職員工，明明跟其他職員從事一樣的工作內容，卻享有截然不同的薪資與福利保障，不受基本的《勞基法》保障，一年一聘宛如用後即丟的免洗員工。

## 未達全數轉置

再回過頭來看「就業安置」的爭議，一般社會大眾認為「找工作」是個人的責任，遠通也提供了「多元安置職缺」，這樣再不去工作，不就是收費員的個人問題嗎？

首先檢視遠通電收與交通部的ＢＯＴ契約，契約內容早已明定遠通應在二〇一三年十月三十一日「全數安置」所有收費員後續的轉職就業，並且提供收費員五年就業保障。

遠通針對收費員安置計畫補償如下：

一、工作權保障：收費人員轉職之日起五年內保障工作權。
二、薪資保障：五年內其年薪不低於該人員轉職前一年年薪為原則。

三、福利保障：遠通公司股東及所屬之關係企業均適用《勞動基準法》，故各公司均提供不低於《勞動基準法》規定之福利。

四、工作地點保障：當進行人員轉置計畫時，在遠通公司與關係企業現有工作場地之條件下，以不更動該轉職人員工作地區為原則。

五、不選擇轉職就業安排─轉職補償：收費人員因另有生涯規劃，並不考慮轉職；或是轉職後六個月期間內離職者，選擇放棄轉職計畫，提供五個月本薪加工作獎金之轉職補償金。

當初遠通就是以「收費員安置補償計畫」，與交通部簽訂契約，故遠通電與交通部本該按照計畫執行，「全數安置」並進行合理補償，但直到二〇一三年十二月三十日，國道收費站熄燈後，絕大多數的收費員的未來仍然毫無著落；同時期，遠通也不斷用平面廣告對外宣稱，已釋出大量職缺提供轉職。然而事實上，遠通不僅未在期限內妥善安置，更對收費員百般刁難。

交通部給遠通第二次「全數安置」的期限押在二〇一四年六月三十日，六月六日，遠通於四大報刊登廣告，聲明已善意釋出上千工作職缺，有四百五十六名收費員接受轉職方案，其中兩百四十六位收費員已轉職成功，另有兩百一十名收費員為個人因素不接受轉職；但經自救會成員調查後表示，實際在職人數僅九十一人，仍有高達五百八十一名收費員處於失業狀態。

遠通提供的職缺不乏有高學歷、高技術的就業門檻，一般的收費員根本不符合就業資格；

另有原屬於南部收費站的收費員，卻被安排去面試東部的工作職缺。收費員自救會認為，遠通利用各種巧妙的媒合手段，「假職缺、假媒合充數」，或提高就業限制條件，迫使收費員放棄轉職機會，改領取五個月的轉職補償金，如此一來，遠通就可以最低的補償金額規避全部收費員的五年工作安置與薪資保障。

## 收費員爬上ＥＴＣ門架，怒批政府「只顧選舉不顧勞工」

國道收費員的抗爭跨越了一整個年頭，他們身穿「還我工作權」的橘色Ｔ恤，從二〇一三年開始歷經一月三日總統府陳情、三月十一日開戰大遊行、四月二十二日占領交通部、六月八日夜宿交通部、六月十三日占領林口匝道、十月二十五日占領國道、十一月二十日絕食抗爭到十一月二十八日占領ＥＴＣ門架的一連串抗爭行動。自救會不斷訴求年資及勞保損失補償，以及多元安置方案，多次尋求體制內解決，專家學者會議開了七次，交通部仍持續拖延。

最激烈的一次抗爭，出現在二〇一四年十一月二十八日，隔天十一月二十九日是全台九合一選舉，三名收費員在此之前已經絕食九天，卻完全沒有得到政府的任何回應，收費員自救會便選擇在選舉日前一天提升抗爭強度，多名自救會絕食幹部攀登上中山高北上十五點五公里處ＥＴＣ感應門架，用鐵鍊將身體綁在高架上，手舉「絕食第九天」看板以及「只顧選舉不顧勞工」布條，要求交通部長葉匡時出面與收費員對話。百位收費員及聲援者聚集在國道旁護欄內草地，多位收費員也用繩索將自己綑在ＥＴＣ兩側門架下，守護登上感應門架的絕食者。

在抗爭過程中，一名挺著大肚子的孕婦也出現在抗爭隊伍之中，對著警察喊話：「我們沒有癱瘓國道，是他們（國道警察）癱瘓國道不是我們！我看到上面那些人（絕食者），我真的很想哭，我們自己的權益要自己站出來。這就是為什麼下個月我要生了，我還是要站出來，我跟你們說，你們要動我們哪一個會員，那你們就先來抬我好了！你們國道員警明明以前也是我們隔壁的同事不是嗎？」

其中一名收費員也痛批：「我在新勢收費站待了十二年！今天你們政府認得我們多少收費員？你們站出來指認我們嘛？為什麼要這樣抹黑我們？無能政府，無能官員，只顧選舉，不顧勞工！」

整場行動持續到晚上十一點半，無任何政府官員到場。

## 抗爭之路，遙遙無期

二〇一四年十二月二十四日，交通部與遠通提出新版〈多元安置計畫〉，開放收費員自行至其他民間企業面試謀職，如獲錄取，遠通公司也應比照最初安置計畫，保障五年（六十個月）薪資，補足薪資差額。然而對於「年資補償」的訴求，交通部至今仍然無法給予正面回應，一再強調訴求已超出目前法令規範，無法溯及既往。

國道收費員的抗爭之路，至今仍然遙遙無期，曾隸屬交通部底下的國道收費站，也儼然成了國家組織企業化、公共資源私有化下的公家機關關廠案。

回顧關廠工人、華隆工人再到國道收費員，如果這一切都是在新自由主義的發展經濟下，為了台灣發展所追求的高度現代化、拚總體經濟、拚競爭力，今天我們犧牲了一批又一批的勞工，明天犧牲的會不會是我們自己？

當財團逼走了一群又一群的基層勞工，逐漸肥沃壯大，一般勞工的薪水越來越低，GDP與實際勞動薪資嚴重脫勾；如果為了最大多數人的利益，勢必要犧牲少數人，如果這是經濟發展的必要之惡，試問，這樣的經濟發展又到底是發展了誰？

1 法定低收入戶或六十五歲歲以上但經濟困難者補助百分之九十；中低收入戶補助百分之六十；收入達各縣市最低生活水準二點五倍可補助百分之三十，且保留百分之十行政裁量空間。

2 即興建（Build）、營運（Operate）、移交（Transfer）。政府將規劃之工程交由民間投資、興建、經營，一段時間後再由政府回收經營。

# 高科技冷血運動

我，只有質疑、對抗這些高科技產品的製作過程，才能不成為迫害的共犯。

盧美靜

## 年輕人的夢想

未滿十八歲的中國女孩田玉到富士康科技集團工作，每天工作時數超過十二個小時。工作一個月後，想領取工資，公司卻推說在另一個廠區才能領到錢。為了取得應得的薪資，田玉在陌生的環境輾轉，身上僅剩的五元也因搭車花光，卻依舊無法取得工資。身心疲憊的田玉，在辦公大樓絕望地一躍而下。經過救治以後，田玉脊椎神經受傷，下半身從此癱瘓。

富士康科技集團是全球最大電子代工廠商，可謂「台灣之光」。他們運用一套強調有效的管理模式，以期生產大量和品質一致的貨物。廠內的規定嚴苛，管理階層冷漠無情，從員工的身體到工作環境都有一套鐵律規範，比如生產線每一個動作需在六秒內完成、椅子必須保持在地上畫好的格子內、上班時間的上廁所次數限定等等非人性的規則。此外，富士康科技集團招聘員工的條件也有年齡限制（原為十七至四十歲，後因需求量大增調整為十七至四十五歲），可說是擷取人一生最精華及體力最旺盛的黃金年華。在安排員工的住宿及班表方面，富士康刻意將同鄉或同學分開，以免員工彼此交流，討論工作及生活。

二〇〇九年到二〇一〇年間，富士康相繼發生了十七起自殺事件。富士康科技集團是台資在中國剝削勞工的案例，其最大的爭議在於「將人看作機械的一部分」以及勞資違法的問題，完全去人性化的管理和生產模式，不僅使員工身體勞累，精神上也相對空虛疲乏。針對連環自殺事件，富士康對外宣稱已調高工資，實際上卻是變相減少工資。此外，雖成立了諮商中心、在員工宿舍裝了防跳網，但諮商中心實為控管員工，而

非真正關心員工，一旦發現哪一位員工可能有異狀，公司便會直接資遣或開除該名員工。

除了來自各城鄉的年輕人外，還有一些科技技術學院，名為實習實為勞作的課程將學生送到廠內工作。富士康在中國有將近二十個大型工業園區，利用中國龐大的人口和低廉的工資，大量密集生產並供應許多大品牌電子產品運用，其中主要包括蘋果（Apple）公司、三星（Samsung）集團以及索尼移動通訊（Sony mobile communications）等。台灣的電子科技產業代工，占世界總產量一大部分，除了在中國、越南、巴西等地區的台資代工廠，台灣本土也有不少科技產品零件、設備或消耗品的工業。

## 一家人都失業了

血汗代工廠不只在中國，台灣本土也有不少類似的案例。中環股份有限公司是台灣一家光電用品製造商，曾是全球最大的光碟片製造商之一。在中環股份有限公司上班的郭小姐，有一天到班不久後，發現身邊的同事一個個被領班帶走，然後就不再回到工作現場。看到這樣的情況，郭小姐心裡非常緊張、害怕。突然領班對她說「公關要找妳」，就這樣被保全帶到會議室。到了會議室，公關部的人拿了一張寫著資遣計算方式的表格要她當場簽名，說是公司的政策，不論簽名與否結果都是一樣。郭小姐知道自己只是小老百姓，無法對抗資本雄厚的公司，百般無奈的簽了資遣表。

諷刺的是簽了資遣表後，公關部的人立刻問郭小姐：「既然妳被資遣了，現在公司有外勞的工作職缺，薪水按照外勞的二萬一，妳要做嗎？」郭小姐簽了資遣表後，在警衛的監視下收拾個人物品，立刻被帶到大門口，那裡已經有公司叫來的計程車候著，警衛直接交代計程車將她載回家。被這樣資遣的員工裡有單親媽媽，也有再兩年就要退休的老員工。郭小姐的父母一樣在中環上班，父親前幾年被強迫退休，郭小姐和母親那一天同坐一台計程車，同時被資遣送回家。除了不當資遣員工，中環也會刻意將員工派遣到上班極不方便的廠區，逼使員工自己提出離職，省下資遣費。相較之下，郭小姐和母親被資遣尚非最不幸的一群。由於公司那一天資遣了六、七十名參與工會的員工，經過工會向勞委會陳情以及求助於勞工團體，所有被資遣的員工才成功爭取復職，也顯現出工會團結的力量。

## 台灣代工廠的背景

這些高科技代工廠裡血汗、不幸的故事，都在光鮮亮麗的高科技產品生產過程中不斷上演。隨著科技的發展，我們的生活已經離不開高科技產品，不論是智慧型手機、平板電腦等，已成為許多人的生活必需品，也是許多公司、政府機構的基本設備。這些包裝精美、時尚的高科技產品美好新穎，既符合使用上的需求也被視為時尚品味。許多人對於高科技產品只看到其高度正面評價，卻不曾正視或關懷其產製過程中的許多衍生問題。

八〇年代以來，全球隨著科技的發展，電子產業快速增長。電子產品的生命週期短、材料大多是化合物，因此發展初期許多國家都採取「生產先行、風險再議」的策略，並沒有好好規劃科技產業發展的模式和安全規章。台灣在一九六三年就已經有第一家電子器材加工出口企業，可謂是全球第一。在國家全力扶植，打著高科技產業是低汙染、低耗能的口號下，台灣全面發展高科技產品代工出口業，建立科學園區。但隨著時間的累積，科學園區的汙染問題也逐漸顯現。科技產業的高耗水量以及對於生態環境的破壞，已經造成許多環境問題。當初的謊言被戳破以後，台灣仍繼續推動高科技代工業，開發更多的科學園區，造成更進一步的環境破壞及汙染。許多科技代工的勞資爭議、剝削、工作環境安全等問題也漸漸浮出枱面。

面對許多公司對於這類問題的忽視、對員工的壓迫，台灣一些代工廠員工組織工會，誠懇的和資方協調。然而，資方大多採取各種不合理的方式將工會員工資遣或開除，以營利做為唯一考量排除異己。關於台灣最具代表性的工運抗爭運動，不得不提到「洋華光電工會事件」。

## 奮鬥著誰的美夢？

洋華光電股份有限公司曾是全世界最大的觸控面板廠商之一。為了完成大量的訂單，公司給予員工許多承諾，表示只要員工配合，將來公司獲利必定全員分享。員工每天工作超過十二小時外，一個月也只有四天的休假，不論是週休、國定假日、颱風天，他們都必須要上班。員工長時間的工作，公司的業績也節節向上，然而公司不但沒有兑現當初的承諾，反而苛減產線員工的福利和薪資，甚至低於《勞基法》的規定。比如週末上班原本一天可以多五百元，後來改成必須兩天都加班才有五百元，最後連週末加班的五百元都取消了，週末成了「正常」的上班日，薪資並沒有因週末上班而增加。

許多員工因為自己背景條件不足的關係，默默承受著如此不平的工作待遇，只求維持自己和家人的基本生活。但是工作幾乎占據他們生活的全部時間，親子關係、家庭生活、家庭教育、休閒娛樂，這些基本生活對他們來說遙不可及。甚至在犧牲了這麼多基本生活和權益的情況下，他們的待遇也不足以維持最基本的開銷。洋華光電員工長期遭受不平等待遇，希望透過組織工會來改善工作環境安全、健康及超時工作等問題。經過當時桃園縣產業總工會祕書杜光宇和洋華光電的幹部徐一興了解後，成立洋華光電工會，但與資方的衝突也進一步白熱化。

工會和公司洽談的過程中，公司不曾給予工會正面答覆或處理，一直到二〇一〇年三月十二日早上，公司採取強硬手段資遣工會幹部。那一天，公司特別請來幾十個保全，分開約談工會的四位幹部和十六位工會成員。一進入約談的會議室，就被規定關手機，由兩位主管約談一位工會幹部或成員，主管坐擋門口，工會成員坐在最裡面。他們要求工會成員簽下資遣同意書，否則不讓他們走出會議室。由於事發突然，工會會員都簽了，而工會的四位幹部在掙扎了二至四小時後，兩位幹部簽了，兩位幹部沒簽。

二〇一〇年三月十七日洋華光電工會首先到勞委會陳情，勞委會表示會介入調查。經過一連串的訴訟，法院判決工會幹部徐一興仍然是洋華光電的員工，洋華光電不得資遣他。然而，洋華光電寧可每個月支付徐一興薪水，也不讓他回公司工作，擔心他們宣導影響公司高壓管理的理念。除了對付工會幹部，洋華光電也忽視勞委會的警告，依然故我的走法律漏洞，聘請更多的外勞。由於移工的居留證需要公司簽證，所以他們不敢爭取該有的權益，不得不站在公司一方。洋華光電工會被如此無理的逼迫，引起非常大的反彈，進而實行一連串抗爭行動。

## 高科技冷血青年

資方態度強硬，政府卻不打算真正了解問題，似乎只要盡快平息風波便可。洋華光電工會在嚴重缺乏經費和人力的情況下，決定透過一連串更激烈的手法抗爭，希望獲得政府、洋華光電的訂戶、社會及媒體的關注，用輿論的壓力讓相關單位有所反省並改善。參照美國耐吉（Nike）因一九九六年巴基斯坦童工事件所引發的一連串抗爭，造成企業形象受損，股價和銷量也產生連鎖反應而下跌，最後迫使耐吉停止聘用童工的案例，杜光宇和一群大學生也開始思考——高科技代工產業的問題存在已久，為什麼美國沒有類似當年的抗爭，沒有針對高科技產品的抗爭？為此，他們籌組了「高科技冷血青年」。

高科技冷血青年主要成員是政大種子社、輔大黑水溝社以及一群關心此議題的青年，主要希望運用較少的人力製造亮點，期待引起媒體關注，透過報導讓企業和政府感受到壓力。雖然高科技冷血青年是因應洋華光電工會抗爭事件而出現，但其中成員都是學生，一連串抗爭的活動也是由學生自己規劃。

## 震撼的方式

配合洋華光電的抗爭、國際反血汗IT運動[1]、富士康連環自殺事件、台灣工程師過勞死等血汗事件，高科技冷血青年運用各種管道和手法表達訴求。不同其他訴求形式，高科技冷血青年運用了大量震撼、鮮明的素材表達聲明。為了突顯血汗廠商的壓榨、無情，表達時尚科技產品背後的黑暗面，學生用行動劇和音樂在科技展覽場、行政院、光華商場及國際會議等地展演，運用誇張炫目的彩繪、骷髏、鮮血、暴虐女王等造型表現出代工廠的冷面意象；被壓榨的員工形象，則安排赤裸的年輕人躺在血泊中，被戴著王雪紅面具的女王用鐵鏈綁著脖子、用滿天星（花語為配角）沾上類似血液的液體，來呈現科技代工的困境，帶出其長期被忽略及過勞，高科技產業對員工的冷血壓榨。此外，高科技冷血青年也設計貼紙、桌圖供民眾自由下載，希望透過網路的力量，讓抗爭訴求更廣泛、容易的流傳。

洋華光電工會和高科技冷血青年分別於二〇一〇年三月二十七日在機場，以及六月二十七日的台北國際電子產業科技展現場向總統馬英九陳情，但皆被擋下。二〇一一年四月二十二日在宏達國際電子股份有限公司（HTC，宏達電）總裁王雪紅台北市的家門前，以三點不露的裸身行動劇表達「寧裸不窮」的信念；同時提出五點訴求：

一、反對血汗品牌，要求有人性的產品。

二、要求健全勞動環境，拒絕「過勞死」與「餓死」二擇一的未來。

三、抗議假學習、真勞動的建教合作與實習方案。

四、立法禁止派遣勞動，並要求政府不得擴張非典型僱用[2]。

五、大學校園內的青年學術勞動者應一律納入適用《勞基法》。

除了嘗試向總統陳情，他們也在HTC的作品發表會、ABAC企業諮詢委員會國際年會、工會抗爭現場、校園等現身，甚至用宗教力量以及公開信要求王雪紅給予回應，但都被擋為滋事分子驅離。王雪紅對此表示，洋華光電不是他們的下游廠商，被資遣的勞工也不是宏達電的員工，她無能為力，希望他們申訴要找對對象。從王雪紅的回應中，我們可以看到宏達電對於「企業社會責任」的敷衍及錯誤認知。

## 企業社會責任

目前國際對於企業社會責任的規範大致有三：「多國企業指導綱領」（Organizationfor

Economic Cooperation and Development）、「聯合國全球盟約」（The UNGlobal Compack）以及「全球蘇利文原則」（The Global Sullivan Principles）。

多國企業指導綱領共有十項指導原則，包含以下兩個面向：

**就業及勞資關係**：企業應遵守勞動基本原則與權利，即結社自由及集體協商權、消除童工、消除各種形式的強迫勞動或強制勞動及無僱傭與就業。

**環境歧視**：適當保護環境，致力永續發展目標，企業應重視營運活動對環境可能造成的影響，強化環境管理系統。

聯合國全球盟約主要是讓企業與聯合國機構、勞工和民間社會聯合起來，共同支持人權、勞工和環境領域中的九項普遍原則。包含：

**人權部分**：企業應在其影響力範圍內支持和尊重國際人權、企業應保證不與踐踏人權者同流合汙。

**勞工部分**：企業界應支持結社自由及切實承諾員工的集體談判權、消除一切形式的強迫和強制勞務、切實廢除童工現象、消除就業和職業方面的歧視。

全球蘇利文原則包括：

一、維護全球人權（特別是員工）、社區、團體、商業夥伴。

二、員工均有平等機會，不分膚色、種族、性別、年齡、族群及宗教信仰；不可剝削兒童、生理懲罰、凌虐女性、強迫性勞役及其他形式的虐待事項。

三、尊重員工結社的意願。

四、除了基本需求，更提升員工的技術及能力，提高他們的社會及經濟地位。

五、建立安全和健康的職場，維護人體健康及環境保護，提倡永續發展。

六、提倡公平交易如尊重智能財產權、杜絕賄金。

七、參與政府及社區活動以提升這些社區的生活質量，如透過教育、文化、經濟及社會活動，並給予社會不幸人士訓練及工作機會。

八、將原則完全融合到企業各種營運層面。

九、實施透明化，並向外提供信息。

雖然全球許多企業已經簽訂相關條約，卻沒有審核單位實際考察、規範或檢舉。此外，也沒有相關的明文法律規範各大科技業廠商，企業社會責任成為形式上的參考條文，勞工無法獲得明確的保障。

由於洋華光電最大的訂單來自三星和宏達電，另外還有一些訂單來自NOKIA、LG等。抗爭初期，工會寫信給相關企業，希望企業基於社會責任關注此事。其中，LG形式上回過一次信；NOKIA則表示洋華不是他們直接的協力廠，只能要求透過其他協力廠處理這件事情，希望有一些幫助。而最大訂戶三星不但遠在韓國，之前三星有類似的爭議，也不曾給予回應和處理。因此，洋華光電工會的抗爭決定集中在本土的宏達電，向王雪紅表達訴求，希望宏達電重視相關問題。

洋華光電工會和高科技冷血青年對宏達電提出兩項訴求：一、立即訂定「供應商行為準則」並進行現場稽核，限期改善勞動條件，像洋華光電這種嚴重剝削勞工的血汗工廠，必須限期改善勞動條件，否則立即終止跟洋華光電的合作；二、對受洋華血汗工廠連累產生的負面效應，向洋華光電展開求償動作。公開譴責血汗工廠洋華光電，讓HTC擺脫「血汗手機」、「殺人手機」陰影，展現照顧勞工的良好形象，才能重新站上國際舞台，跟其他國際品牌在世界上競爭。對於這些訴求，宏達電執行長周永明則表示：「其實這東西和我們沒關係，要看找不找對對象，一直在這邊浪費時間，我也不曉得要怎麼幫他們。」

## 年輕一代的高科技冷血運動

另一方面，高科技冷血青年為抗議建教合作藉實習名義讓建教生當免費勞工，以及爭取工作安全的權益，於二〇一一年五月二十八日發起「跨越生死線」的校園徵才行動藝術活動。原計畫在HTC校園徵才交大場的場外進行半小時的展演，卻受到校警的阻擾，甚至奪取現場道具，經過協議後達到展演五分鐘的訴求，在已取消活動的地點模擬過勞死工程師、圍出生死線，以提醒畢業生跨進職場大門的同時，有拒絕過勞死的權利。HTC行銷長王景弘在政大的一場演講，高科技冷血青年的學生在演講結束後提出洋華光電工會被壓迫的相關問題，當場發生小衝突之外，也有不少同學發出「不要丟政大臉」的噓聲。

洋華光電工會在抗爭過程，也進一步揭露某些高職的建教生高中三年付學費給學校，卻被學校不斷分派到各個科技工廠工作，不但違規、超時甚至在不安全、高汙染的環境下工作，可見一些教育單位對企業的偏頗，對社會問題及勞工權益的忽視。在缺乏國家的監控、管制，加上教育相關單位偏頗的情況下，學生和勞工得不到基本的保障，甚至無法認清問題的真相。

高科技冷血青年的抗爭活動隨著洋華光電工會的抗爭落幕也漸漸平靜。長期參與此類運動的杜光宇認為，在抗爭期間所引起的網路討論立場各半，這樣的討論對於年輕人來說是很好的刺激，有很好的社會教育意義。不論網路的討論者站在哪一方，除了期待讓青年有機會辯論，發表並思考相關議題之外，也希望能因此提升關注公共議題的意願，他亦表示：「經過這種刺激才可能激盪出更好的想法，雖然對整個環境來說這樣是很不成熟的，還在很開始的階段，對香港也是，對台灣也是，對中國更是。」杜光宇希望全民一起反思高科技代工業的問題，面對台灣、亞洲淪為高科技血汗代工廠的殘酷事實。

## 高科技產業跨國問題及爭議

全球化後資本流動，公民團體也以跨國、跨界的方式互相聲援，力求抵抗高科技產品謀取暴利，忽視高科技代工的權益及安全的企業基本核心。在歐洲，芬蘭、瑞典、荷蘭、德國等十五個地方的公民團體合力組成電子業倡議聯盟MakeITFair，並在二〇一一年五月七日的「國際反血汗ＩＴ日」抗議國際電子業剝削代工廠勞工，台灣和香港也參與了這項抗議活動。

亞洲地區，處境雖然相異，但其中的不公不義，危害勞工的部分卻是相同的，相關的運動者們也成為朋友並互相聯繫。富士康連環自殺事件後，洋華光電工會和高科技冷血青年也到台灣的鴻海總部抗爭；同樣的，香港參與富士康抗爭的朋友也到香港的洋華光電分公司抗議。中國、香港、台灣的運動者都高度關注高科技產業代工對於亞洲的傷害。

富士康科技集團相繼發生的連環自殺事件，引起許多相關討論之後，兩岸三地的二十所高校、六十位調查員組成一個調查小組，嘗試探討並深入了解事件背後的原由。由於富士康各廠區監控森嚴，要調查並不容易。調查小組除了到富士康的十二個廠區外做訪談及問卷實地調查，其中還有十四名調查員進入富士康生產線，親身經歷十天打工生活，收集大量一手資料，剪輯成影片在網路上流傳，也出版了《富士康輝煌背後的連環跳》一書，揭發富士康科技集團的黑暗面及勞工的處境。

## 高科技冷血運動的困難

高科技冷血運動的抗爭，最大的問題在於幾個方面：首先是企業的假動作。許多大品牌諸如蘋果、NOKIA等，雖會採取一些關心行動，但都只徒具形式——須知其獲利來源正是這些血汗代工的「準時交貨」。NOKIA在二〇〇八年曾制定NOKIA供應商準則，內容包括供應商在工安、福利、工作環境的條件與規範，例如供應商員工不得在不當的情況下超時工作，且需在自願情況下加班。蘋果也制定供應商行為準則，要求供應商不得使用童工、每週總工時不得超過六十小時，且應給足法定最低工資與加班費。在這些要求和準則制定後，各個代工廠卻依然不斷發生問題，也沒有實際的改善行動，可見各大品牌、廠商都只是敷衍了事；許多國家的政府和教育單位也為了眼前短暫的經濟利益而間接成為企業的幫兇。

其次，高科技產品已離不開我們的生活。許多人都是這個產製結構的被害者，不論是洋華光電的勞動者還是過勞死的工程師，但大家的生活已經離不開科技產品，消費者和使用者因此變相地、間接地成為支持和贊助的加害者。高科技冷血青年的成員之一江奕翰，在「高科技冷血青年」部落格表示：「作為一個關注社會的大學青年，同時又是高科技產品的重度使用者，這樣的處境對我來說是很困窘的……我不能接受自己成為高科技迫害的共犯，但其實我只要消費高科技產品我就無法避免地成為血汗生產鏈中的一員，只有去質疑、對抗這樣的生產過程，才可能改變這樣不堪的處境。」

再者，科技產品的生產鏈是全球化的，各國很難獨善其身。一個科技產品的產製，從最初設計、原料（稀土）提煉，到模板的抛光、組裝、包裝等等複雜工序，全已散落在世界各地。各國政府以及各大財團的資金流動，既複雜又曖昧不明。而台灣的經濟發展，自李登輝時期，就已經選擇並邁向以大財團利益為考量的經濟發展模式。台灣是世界代工業的始祖，代工業曾經為台灣帶來巨額的財富；然而，台灣並沒有在上一代的代工業轉型，依然沿用過去其他產業的代工模式來應付截然不同的科技業代工。

從社會結構來看，台灣雖然有許多科技產品的代工廠，但研發的版權大多屬於美國。前面所提到的富士康、洋華光電、中環光碟這些廠商，所產製的產品，既要符合成本低廉的原則又需要繳交版權稅金，才會有一連串的壓制和層層剝削的問題。台灣科技代工廠面對大公司壓迫而選擇壓榨員工，但他們都忽略了剝奪員工的福利會讓產品良率下降，進而影響公司的未來，比如洋華光電經過一連串的爭議，股價低迷不振。由此可見台灣科技代工的短見與徬徨。台灣最大的問題是，不論什麼黨派執政，都沒有一套全面、長遠發展的計畫。政治行動常常只為了下一屆選票，而不是台灣的未來。於是在經濟發展停滯許多年後的今天，科技產業迅速發展，台灣也搭上了科技代工的列車，以充滿變數、並非自己可以掌控的科技業，作為國家主要的經濟發展政策。這過程除了犧牲環境、糧食耕種、人民健康，也賭上了國家的未來。

最後，從員工方面來看，許多科技代工的經濟條件和勞動條件都比較不足，讓他們成為社會結構的底層，明知自己嚴重被剝削，為了生活卻仍然繼續忍受。對於這樣的社會差距，許多人還是無法體認教育及社會資源分布極度不均的問題，並且覺得科技代工員工被壓榨屬於個人努力不足所造成，和社會或企業沒有關係。勞工面對老闆欠薪、減少福利或勞動條件苛刻等問題，都不敢站出來反抗，他們一方面知道自己競爭力差擔心失業外，也知道每一個企業的勞動環境都類似。這些問題若追根究柢，可說是資本主義發展下國家缺乏長遠經濟規劃的發展政策，各種資源不均的產物。經過一連串長期的抗爭，許多員工因為生活等壓力，接受資方巨額的資遣費。這情況當然情有可原，但是這也進一步鞏固資本主義以「錢財」做為衡量事物的判斷模式。

## 一分耕耘，一分收穫的可能

高科技產業因全球大量的需求，產生高度密集和去人性化的勞動、化學物質的毒害和汙染，以及上下游廠商獲利和待遇懸殊的問題。許多其他的產業也相繼面臨相同的問題，勞工勞動條件極需要被關注及改善，以保障勞工的權益。從人性的角度思考，所有在產業底層勞作的人是員工，也是某個家庭的一份子。超時工作的員工除了賠上健康，也犧牲了生活的其他可能性，得不到公平的待遇，一分耕耘卻沒有對等收穫。

這是許多產業生產鏈的問題，其中有更多不為人知、無法想像的情況，需要各界長期的關注，以實踐一個更公平、人性的產業脈絡。

1 由MakeITfair所發起的跨國性反血汗IT產業運動。

2 非專任薪資的工作僱用。

# 族群

同胞，讓我們一起
用我們的血汗
告訴他們：
請你拿開那雙遮住陽光的手
分我們一絲溫暖
用我們的血汗
換來明天
也換來掛在孩子臉上的春天

——〈親愛的，告訴我——給湯英伸〉莫那能

# 台灣原住民運動

## 當生活僅剩倖存與求生，誰是謀殺者？

羅真

土地不能用了還能叫土地嗎？不能幫我們的法我們要它做什麼？我們用自己祖先留下來的石頭、木頭，蓋我們的房子，建設我們的部落，他們說犯法！我們部落後面流下來的水，自來水公司說那是國家的水權！沒有經過我們的允許，就把核廢料放在我們這邊！回到老部落祭祖，林務局說你為什麼沒有申請？奇怪！老人家說這裡是我們的，怎麼變成他們的了？我阿公的阿公的阿公的阿公，很多的阿公，很久以前就住在這裡了，但中華民國政府說這是「國家」的！

——卑南族普悠瑪部落耆老

一段話，道盡原住民族被邊緣化到退無可退的憤怒情緒。

中華民國建國已有百年，一百年來，從被殖民、戒嚴走向民主，打拚出經濟奇蹟，創造許多值得驕傲的點點滴滴。然而對於生活在這塊土地上千年的原住民來說，過去這一百年來，充滿著被侵略的辛酸血淚。歷史，並不正義。

民國百年之際，泰雅族的勇士們走上凱達格蘭大道，悲情的問：「民國百年，是誰的百年？」他們身著傳統服飾，在巫師的帶領下進行傳統驅靈儀式及出草儀式，象徵要對抗不公不義的政府。繼泰雅族的行動抗爭，阿美族發起「土地百年戰役」，以夜宿凱道的行動抗議國家土地政策嚴重錯誤，要求政府道歉並歸還土地。狼煙行動聯盟也在二二八和平紀念日策辦「遍地狼煙」行動，串聯全台各部落施放狼煙，對漢人政府控訴，企求漢人政府正視錯誤的土地政策，正

視原鄉反核能與核廢料，正視《原住民族基本法》應有誠意地落實。過去這一百年，究竟發生了多少我們不知道的事？

## 誰擁有，誰占有？

早在漢人來到台灣前，原住民就已經在這片土地生活了千年之久，然而國民政府播遷來台後，卻未尊重這些在地的主人。國民政府取得土地的過程並非全然透過買賣或其他正當程序，許多時候是逕自將土地化為公有或國有，再藉此驅趕長期以來在這片土地上生存的人。

花東地區以原住民族居多，但國有土地比例卻高達百分之八十七點五，如此懸殊的比例暗示其中有著許多紛爭。紛爭之一是產權不清的問題。漢人與日本政權轉移的過程中出現許多產權不清的情況，因而出現的糾紛所在都有。

紛爭之二是毫無道理的土地掠奪。四十年前，花蓮縣秀林鄉的太魯閣族人在原住民保留地上耕作，符合自用耕作滿五年就可以登記為所有權人的法律規定，不過秀林鄉公所卻逕自將大批土地轉租給亞洲水泥公司。亞洲水泥公司與族人召開協調會，卻未向居民說清楚這需要他們放棄土地，資訊不對等的情況下，最後竟有高達二百一十二筆的原住民保留地被迫撤銷，十分荒唐。這等情事，今日依然存在。近年來，政府在花東設置的森林園區，其土地也是掠奪而來的。花蓮縣光復鄉大富地區是原住民的傳統領地，先是遭台糖占用六十年，如今政府又將之規劃為森林園區。當地居民不禁搖頭感嘆，政府將原住民從傳統領地中趕走再種植樹木，根本是「行假環保，實則侵占土地」的作為，相當諷刺。

不合理的壓迫逐漸讓族人產生被剝奪感，從而開始集結社團討論土地正義，試圖讓社會大眾了解其訴求，以增加跟中央政府的對話籌碼。其實早在六十多年前就有原住民連署要求政府歸還被奪走的傳統領地，但因有關人士遭白色恐怖迫害而使得大眾逐漸噤聲，土地問題亦持續惡化。

反抗的情緒醞釀至解嚴後，一九八八年便催生了聲勢浩大的「還我土地」運動，與土地正義有關的討論也延燒至今。當年的還我土地運動，有近兩千名身著傳統服飾的原住民到台北街頭參與示威遊行，高喊「為求生存，還我土地」！憤慨地向中央政府提出幾點訴求，包括徹底清查國有林班地及國有財產，該歸還的要歸還給原住民；若已開發使用、無法回復原狀的土地，也必須從國有土地劃出同樣大小或同樣價值的土地來歸還。另外，他們也訴求國會應立法保障原住民的土地權，並在中央政府設立部會及專責機構，以制定並管理台灣原住民族之事務。

在原住民自主意識覺醒與不懈的抗爭下，立法院於二〇〇五年通過了《原住民族基本法》，使得原住民的權益保障嶄露一絲曙光。然而《原基法》只是一個抽象的指導原則，必須有配套法律具體訂定細節，正義才能真正落實，否則只虛有美好想像，無法實踐。以行政院於二〇一〇年通過的《原住民族自治法草案》為例，其中有諸多爭議點，舉例來說，按照《原基法》，國家必須保障原住民族擁有他們的土地和自然資源，但《原住民族自治法草案》竟反過來要求原住民行使其土地和自然資源權利時，要先遵守既有法律的規定；《原住民族自治法草案》更提到，若是基於國家重要利益，只要行政院同意，利用原住民土地就不必經由原住民同意，換句話說，國家或私人只要將他們的行動設定為「符合國家重要利益」，就能輕鬆避開《原基法》所強調的義務進而侵略原住民賴以維生的土地。因此行政院版的《原住民族自治法草案》被描繪成如滅族般的法律實不為過。《原基法》在配套法律不完整情況下，也淪為空殼，無法落實。

## 捍衛家園，在地抗爭

時至今日，法令仍非完善，原住民基本權益仍在呼喊口號的階段，未能具體實踐在社會生活中。政府經常有意無意的侵害原住民族權益，族人的抗爭持續不斷。二〇一一年四月，新竹縣尖石鄉顯得格外熱鬧。青年與婦女吟唱出的美妙歌聲在山林間迴盪不已，這是「音響轉尖石反水庫音樂會」。新竹縣政府為了增加新竹地區的工業用水，將水庫高築在尖石原住民部落；這個水庫的淹沒區高達四百六十五公尺，預估淹沒五十四戶，共兩百五十四人的家。當地居民起初因為資訊不對等渾然不覺。

政治大學民族系助理教授，同時也是尖石居民的官大偉指出，水庫早已是國際間落伍的技術，其對環境影響衝擊甚大——水庫阻斷河流流動，影響生物棲息；而攔阻沙石的後果，將會影響到下游地形，下游農田灌溉水量也會因此減少；更甚者將淹沒在地部落，部落居民必須搬遷，社會文化面的破壞更是難以估計。政府僅僅為了用最便宜的方式取水，卻忽略後續維修費用與各方面破壞的昂貴代價，以及居住此地的泰雅族人心聲：「不要水庫，要家園！」

泰雅青年谷穆感嘆，一開始外部組織比當地居民更早發現興建水庫的不合宜性，後來總算吸引愈來愈多人關心家園。談到反水庫音樂會，她開心地表示音樂會能傳達一些重要觀念給居民，除了講座活動之外，居民在填答他們設計的問卷同時，也有機會細細反思建造水庫對家園的影響，讓資訊流通、發達。

另一方面，一群關心東部土地的人們大聲呼著口號，抗議國會粗糙訂定《花東地區發展條例》而犧牲當地的環境，破壞自然生態，也破壞居民原來的生活——中央政府為開發東部編列了五百億的預算，但因國庫空虛、拿不出五百億，因而將部分花東國有土地抵押給花蓮縣政府及台東縣政府來補足基金缺口。雖然這些土地的所有權在中央政府手上，但掌握使用權的是縣政府，因此縣政府能積極地出租和開發。地球公民基金會執行長李根政指出，以目前地價估算，花東兩縣將各增加三十到七十四間飯店或度假村之多，屆時東部海岸的自然景觀將被這些人造建築完全取代，此過程中，不可忽視環境可能遭受到的破壞。「美麗灣事件」即是一個值得借鏡的經驗。

美麗灣事件是什麼呢？位在台灣東部的杉原海岸，有著艷陽、白沙和清澈海灣，是阿美族刺桐部落族人數百年來的生活領地。這片海洋孕育出刺桐部落的世世代代，與族人間有不可抹滅的歷史與生命記憶。然而，政府竟與財團聯手，蠻橫地將阿美族人逐出這片土地。原來屬於大家的天然美景，現竟需付費給財團才能進入。

二〇〇四年，當時的台東縣長未先知會族人，逕自和東海岸國家風景區管理處解約，然後將杉原海岸ＢＯＴ給美麗灣渡假村股份有限公司，讓該公司興建度假飯店。為了盡快興建、盡快營業，便須要巧妙地躲過可能備受質疑而延宕到工程的問題點，例如興建飯店對環境的侵害。按照法律，一公頃以上的開發案必須通過環評才得以施工。為了規避環評，縣政府與美麗信財團將土地分割成許多小於一公頃的小塊面積再向上呈報；在須接受環評的區域中，也未據實呈報該地擁有的特有自然物種。台東縣政府與美麗灣公司就在這般巧詐手段中開始著手進行施工。二〇〇七年，環保團體注意到事態的嚴重性，於是向高雄高等法院提告，隔年高等法院判決台東縣政府與美麗灣敗訴，但美麗灣持續上訴最高法院，此期間也並未停止施工。最高法院後來依然判定美麗灣公司敗訴、須立即停工。但時至今日，政府、財團無視判決，美麗灣渡假村已落成，即將正式開幕營運。

原本屬於阿美族人的傳統領域，如今被政府及財團插上了「禁止捕魚」的告示牌，看在居民眼中，既心酸又諷刺。政府與財團上下交相賊，行政權亦公然藐視司法判決，整起事件的戲劇性程度深深激怒了當地民眾，也使議題透過網路逐漸擴散。網路上有許多關心美麗灣議題的臉書粉絲專頁或部落格，如「刺桐部落格」、「東海岸事件簿」、「保護東海岸，救救台灣天堂」、「捍衛東海岸，為權益而戰」、「杉原灣守護海洋搭麓岸O Fudafudak No Talu'an」、「杉原公共海水場」等網站，都記錄著事件的相關發展。為了吸引社會更大的關注，許多組織也以多元形式舉辦抗爭活動，吸引民眾的支持，期待公民的力量得以與政商抗衡。例如反反反行動聯盟舉辦「千人牽手吼海洋」與「不要告別東海岸音樂會」活動，也多次在杉原海岸沙灘上進行裝置藝術。超過百位藝文界知名人士共同發起連署，引起網友廣大迴響。多年來，反美麗灣運動能不斷持續著，正是因為有不同團體的共同關注與互相合作。也許是因為近年公民意識逐漸抬頭，也或許是這回，政商的吃相實在太醜陋。

美麗灣抗爭運動過程漫長而艱難，至今仍持續著。二〇一二年十月，內政部長李鴻源在被質詢時坦承美麗灣渡假村是實質違建，也行文要求台東縣政府設法解決，然而政府與財團依舊堅持強勢態度，不時發新聞稿謊稱過程一切合法，企圖混淆視聽。

十二月底，台東縣政府大開先例，對已落成的飯店補做環評，還在公民與媒體眾目睽睽下聲稱必須進行密室會議。而密室會議後，竟做出「有條件通過」的決議，雖然所有的人都不知道該些條件為何。過程荒腔走板。

二〇一三年四月，反反反行動聯盟、地球公民基金會等團體再度發起抗爭，這次他們以「不要告別東海岸」徒步行動，三十多人從台東出發，一路步行至台北，展露堅毅的決心，對政府及建商抗爭到底。對當地居民而言，未來仍不確定是什麼形貌，只能走一步算一步。

## 政府強橫迫遷，部落往哪求生？

除了居住在傳統領地的族人為受到壓迫而戰，到都市求生存的族人也遭受到生存權益的威脅，進而起身反抗。二〇一二年七月，一個艷陽高照的晴天，位於新北市的阿美族三鶯部落突然出現許多水利局工作人員、警方以及六部怪手，強勢闖入部落菜園，毫不留情的剷除部落居民長期以來辛苦種植的農作物。水利局方面宣稱，先前已張貼公告告知居民此處為公有河川地，會依公告日期清理，這已非首次發生。

值得思考的是，為何三鶯部落居民看過公告仍不願搬離？他們並非冒然挑釁政府。

由於原鄉地區土地流失或因不好找工作，族人必須要下山謀求生活。對他們而言，都市的生活與山上的生活差異甚大，因此到了都市，他們會試著找尋異鄉中的原鄉——三鶯部落位於新北市郊區，居民居住在大漢溪旁較高的位置，居民可以採集、種植作物，可以共同建屋實踐社會契約文化。但如今，位於大河岸邊的三鶯部落已和違法、違建畫上等號。家園遭到破壞，居民不知該何去何從，只好自行組織自救會，多次在原地進行重建。屋子被拆了又蓋，蓋了再拆，站在斷垣殘壁中的居民無奈反問政府：「國民政府為了生存來到台灣，部落族人也是為了生存來到都會。政府用強橫的手段搶地迫遷，為何不讓部落族人有生存的空間？」

那麼，政府又為何非得要進行拆遷呢？新北市政府宣稱，三鶯部落的位置位在行水區，出於為部落居民安全考量的良善之意才要居民搬遷。但新北市政府卻無法解釋，為何被歸於行水區的這塊土地過去三十多年來從來不曾淹水，於是有人質疑，幾個被強制拆遷的部落恰好也是房市熱點，迫遷的目的有可能僅僅是為圖利房地產商，這樣的結論令人不勝唏噓。土地，是人賴以維生的基礎，然而原住民的土地卻任由掌權者把玩與宰割。

除了在都市中求生存的族人被迫遷徙，另外還有一種人也在不斷遷徙的生活中努力抗爭著——他們是無情風災中的受害居民。八八水災至今已超過三年，土石流災情最慘重的嘉義縣阿里山鄉來吉村居民卻仍居無定所，每逢颱風就必須撤村，人數皆達三百人以上，族人始終生活在不安的情緒中。「我們這三年撤村了五次，撤村的是我們老百姓，如果這個地方是安全的我們怎麼會想要撤村？」來吉村村長指出，村民早已向縣政府提案要遷居至一五二林班地，但至今卻仍在可行性評估的初期審查階段，行政流程緩慢。

財團法人小米穗原住民文化基金會執行長黃智慧指出，廬山溫泉區的飯店有九成不合法，但政府竟用八八水災災後重建的經費助其復原，反而漠視許多原住民族人的基本居住權益，「在災後重建上，很明顯有族群歧視、族群差別、族群不平等！」

場景轉移到桃園。桃園縣復興鄉哈凱部落居民在巴陵橋居住二十多年，自從政府在巴陵橋建攔砂壩後，河床升高了，水流直衝部落地基下方，發生多次地基崩塌下陷，使得居民在風災中受難。災後，居民被安置在狹小的組合屋，日日懇切盼望北區水資源局及水利署積極檢測巴陵壩，也希望桃園縣政府及原民局能早日幫助他們重返家園，誰知道一等竟是十年。哈凱部落居民戴禮娟說：「我想我們哈凱部落是台灣首例，設計住三年的組合屋我們撐到十年，你們就知道現在那個組合屋是破爛成什麼樣子。」政府安置哈凱部落居民的組合屋，為設計在擋土牆旁邊的鐵皮屋，環境原已克難，近年來再加上地基開始滑動，族人更須用水泥一點一滴補強龜裂的部分，有些房間早已無法居住。當年的孩童如今長大成家，帶著第二代開記者會陳情。儘管心酸無奈，族人仍懷抱希望，為權益抗爭。

## 重新思考社會資源分配的規則

核能議題近來亦鬧得沸沸揚揚。二〇一一年，日本福島核災為核能國家投下了一顆震撼彈，台灣許多民眾也驚覺到必須正視核能存廢的討論，隨即引發浩大的「四三〇向日葵反核遊行」等行動，許多民間團體自發性走上街頭，以向日葵象徵風車等乾淨能源，向政府表達反對核能的訴求。北、中、南、東皆有遊行示威、塗鴉大地、音樂表演或行動劇，強烈反應出民眾對核廢料的憂慮與廢核立場。擁核與反核仍在熱烈激辯的同時，台灣有三座核電廠正運轉著。雖然截至目前尚未找到核廢料的永久貯存場址，但核廢料總是得找個地方傾倒，思來想去，政府最終決定將核廢料置放在蘭嶼。一九八〇年間，政府以蓋罐頭工廠的謊言為名，在蘭嶼興建了核廢料儲存場，視當地原住民為無物，蘭嶼人已為此抗爭了三十年，卻始終未能得到官方明確的答覆。官方的歧視色彩十分鮮明。

《聯合國原住民族權利宣言》中提及：「關注原住民族在歷史上因殖民統治和自己土地、領土和資源被剝奪等原因，受到不公正的對待，致使他們尤其無法按自己的需要和利益行使發展權；承認極需尊重和增進原住民族因其政治、經濟和社會結構及其文化、精神傳統、歷史和思想體系而擁有的固有權利，特別是他們對其土地、領土和資源的權利……」秦力克（Will Kymlicka）也提到，少數族群文化的脆弱性是境遇（circumstance）而非選擇（choice）所造成的，因此社會應該為少數族群成員掃除文化不利的處境，必要時，甚至應在規劃公共政策時，將少數族群的特殊文化需求納入考量以來改善困境，使他們與多數族群成員一樣擁有平等的文化近用權（Access to culture，也就是對一般習俗、藝文活動與知識等資源，能自由接觸、使用的權力）以及建構完整自我認同的機會。

# 性／別

一剎那的意亂情迷
一輩子都難再尋覓
只怕無限春光來不及一覽無遺
愛情不是一場歡喜
激情卻像一陣呼吸
莫非等到下一個世紀才擁抱一起

——〈春光乍洩〉林夕

# 台灣同性戀運動

## 傳統性別偏執還在，同志仍需努力

鄧郁馨

我生他的時候，背斷了兩條背帶
下田時也背著他，做家事也背著他
永鋕就好像是在我背上長大的
如果知道送他到學校會讓他死掉
我要一輩子把他背在我的背上
——陳君汝，葉永鋕之母

這令人心碎的話語，出自於屏東鄉下，一位心痛欲絕的母親口中，她，是葉永鋕的媽媽。

二〇〇〇年，葉永鋕就讀國中時，因為性別氣質與其他一般男孩不同，被同學笑娘娘腔，下課時常被男同學脫褲子「驗明正身」。同學的欺侮使他不敢下課時上廁所，只好趁著下課前幾分鐘去廁所。二〇〇〇年四月二十日，葉永鋕一如往常在下課前上廁所，只是與以往不同的——他再也沒有機會回到班上了。當他被發現時，已倒在血泊中身亡。

二〇一〇年十一月底，屏東縣兩名專科同窗女學生，因兩人關係過於親密，經常遭旁人異樣眼光以及家人的斥責，無法忍受心理上的煎熬，留下一封遺書後，一起燒炭殉情，遺書內容提到：「我們是談得來的朋友，但無法忍受別人的異樣眼光，決定一起走。」

「曾被欺負想找爸媽訴苦，不過爸媽太忙了，老師看到也沒說些什麼，既然沒人理會，只能選擇沉默。我試圖找方法紓壓，但無論看小

說、動漫、聽音樂、畫畫、都不被認同，最後演變成消極自殘或睡覺，更加封閉自我，最後甚至放棄一切選擇消失……即使消失會讓大家傷心，卻是短暫的，一定很快就被遺忘，因為這是人性。」這句句充滿絕望的內容，是二〇一一年十月底，因為長期被嘲笑娘娘腔，在學校飽受霸凌又無處宣洩的新北市國中生楊允承寫下的遺書，而後他在七樓家中跳樓自殺，結束生命。

很難想像，在現在思想開放的社會上，有人仍然在痛苦中掙扎，在霸凌歧視中求生存，而撐不下去的，只好選擇結束生命。同志議題是長期以來一直存在的爭議，至今，仍是一個棘手複雜的議題。其實人的性別氣質是很多元的，女性可以很中性，男性也能夠有女性化的一面，但過往的傳統教育以及意識形態往往將性別二元化，男性和女性只有單一的想像，例如男生要陽剛，女性得陰柔，使得擁有不同於性別氣質的人，常常受到外人異樣眼光甚至被欺侮嘲笑。

## 同志遊行為台灣性別議題發聲

多年以來，同性戀人權團體一直想要告訴大眾的就是多元性別的存在，而且多元性別是正常的現象，同志、跨性別等群體不是異類，相同的，在法規政策以及教育上，也應該要對他們有所保障以及教育正確的性別觀念。但是很無奈的，二十世紀末期，無論在學術上或者軍方，仍習慣歧視以及汙名化同性戀族群——台大醫院的涂醒哲，發表了男同性戀容易感染愛滋病的學術論文，引起同志團體的不快；其後二〇〇二年，國防部發布「憲兵兵員甄選實施計畫」，在甄選標準中排除性別認同障礙（同性戀）當憲兵的資格。這兩次的歧視同志之舉，都引來同志團體零星的集體抗議行動。

直到二〇〇三年，因為許多新生志工以及大學生、研究生開始透過出國，或是藉由網路去了解、涉略國外的同性戀運動相關行動以及期刊等，有了新的見解以及想法，認為台灣是時候能夠正式舉辦大型同志遊行了，也剛好社團法人台灣同志諮詢熱線協會承接了「台北市同志公民運動」，有了政府經費，舉辦同志遊行更加有利，便開啟了第一屆「台灣同志遊行」。

二〇〇三年，台灣第一次的同志遊行在台北舉行，也是華人社會中的第一次同志遊行，格外具有意義，不過第一屆是由公部門出資舉辦，使得當時台北市議員王世堅批評政府補助同志遊行是「鼓勵同性戀」，口稱「傷風敗俗」、「同志親親我我是妨礙風化」等歧視性的攻擊言論，同性戀團體對此表達不滿，也發現接受公部門補助會導致同志遊行主體性具有爭議，因此第二屆開始，都以自籌款為主要經費來源，不接受政府經費。

第一次同志遊行引來相當多的爭議，也有它成功的地方。第一屆台灣同志遊行之後，活動開始每年固定籌備、舉辦。每年的主題以及訴求都有所不同，這些訴求依照當年所發生的事件而定，像是二〇〇四年第二屆台灣同志遊行的主要訴求為「喚起公民意識」，因為同性戀仍然受到嚴重的歧視，同性戀團體希望社會能夠容納更多元的文化，以及接納多元性別，並且鼓勵除了男、女同志以外的其他多元性別朋友們（像是跨性別、雙性戀等）也能站出來，認同自己並且爭取自己的權益，而這次的參與人數也比第一次來的多。

台北的同志遊行運動人數越來越多，越來越盛大，遊行中不同團體、不同的穿著打扮，手上高舉彩虹旗，還不時對旁人打招呼，熱情無比。但是，在看似華麗的遊行中，卻有著許多嚴肅訴求，這些訴求來自於同志長期受到的壓迫以及創傷，台灣LGBT（Lesbian女同、Gay男同、Bisexual雙性、Transgender跨性別）社群其實仍然承載著人權不公、歧視、言論壓迫的處境。二〇〇六年，《同性戀婚姻法》被拒絕排入立法院議程；年底，《就業服務法》修法時，增列「不得以性傾向為就業門檻」也曾遭遇阻擋；以及警察在同志網路交友空間濫權「釣魚」、無明確罪證傳喚等侵擾同志人權的事件層出不窮，都說明了同性戀人權在台灣不但缺乏具體明確的保障，且依舊是歧視言論下的犧牲者，因此二〇〇七年第五屆同志遊行以「彩虹夠有力，Rainbow Power」為主題，希望能在二〇〇六年遊行破萬人之後，再次展現台灣同性戀社群的集結力量，讓參與人數能再次達到高峰。果然不負眾望，創下五年來最多人參與遊行的紀錄，估計有一萬五千人參與遊行，而這年也是五年來公眾人物參與最多的一年——由張惠妹擔任彩虹大使，正在競選總統的馬英九也全程參與表示支持。同志從一開始出面發聲需要戴面罩，到現在絕大多數人可以光明正大表態自己的同性戀身分，這過程中，同志對自己的認同確實正在進步，另外，公眾人物願意挺身支持同志遊行，也說明了，同性戀群體的數量不容小覷，得到同志社群的支持等於得到為數眾多人的支持，這就是為什麼政治人物在某些敏感時刻（如選舉時）都會推出有利於同志的政見發表，或者是表態支持同志。而某些演藝人員也不避諱自己的同志身分，例如蔡康永、大炳等人，願意公開出櫃，同性戀的處境正在改變。

台灣同志遊行聯盟總召王蘋曾在第五屆遊行中公開呼籲：「在共同享有社會的基礎之下，所有的人不分性別、性別認同以及性取向，都應該有相同的權利，政府應該要重視且立法保障不同性別取向、不同性別認同的人都擁有此基本人權，反歧視相關法制更是重要，早就應該刻不容緩立即通過。」

二○一○年第八屆遊行主題為「投同志政策一票」，以維護同志在政治、法律上的權益為主要訴求，監督候選人的同志友善政見。就在遊行的前幾日，蘇貞昌表示力挺同志，將出席同志遊行，報導一發布馬上引發爭論，由於蘇貞昌代表民進黨參選台北市市長，時機敏感，台灣同志遊行聯盟即時發出〈請尊重遊行主體，不歡迎沒有同志政策的候選人〉聲明，使得蘇貞昌取消參與同志遊行的計畫。這也反映了一直以來，同性戀群體日漸增大，許多政治人物為了拉攏選票常在敏感時刻挺身為同志發聲，但往往過了選舉之後，卻對同志沒有任何具體政策以及諾言實現，這讓同性戀團體相當失望，也顯示了同性戀議題弔詭的一面，它雖重要，但真要認真討論以及制定法規時，又讓人卻步。

二○一二年的同志遊行主題為「革命婚姻——婚姻平權，伴侶多元」，主要爭取同志婚姻權以及多元伴侶權益。長期以來，許多國家都為同志婚姻合法化而努力，丹麥、挪威、瑞典、冰島、荷蘭、德國、芬蘭、法國、瑞士、比利時、加拿大、西班牙、英國、紐西蘭、南非等國先後通過同性戀婚姻合法化，美國部分地區也通過此項權益，台灣今次也以「同性戀婚姻合法化」為主要訴求，希望台灣的同性戀人權不要落後於他國。本屆的遊行人數高達六萬五千人，由此可見，同性戀群體越來越多人意識到要站出來捍衛自己的權益，也有更多同志願意認同自己的身分上街遊行。

## 同志站出來，生命好自在

相較於台北，其他各地同志處境便呈弱勢，二〇〇〇年的葉永鋕事件震驚台灣社會，在當時雖然被當成意外事故處理，但對葉媽媽來說，葉永鋕的死並不是意外，因為大家不接受他與一般男生不同的氣質，時常排擠、歧視他，而老師也沒有意識到多元性別教育的重要性，才會產生悲劇。因為這事件，使得教育部終於願意重視性別平等教育的重要性，與專家學者一起研擬將性別平等教育納入法規。另外，二〇一〇年，屏東縣兩名專科女學生因為同床而睡，被指責是同性戀，兩人竟想不開一起燒炭自殺。這起自殺案，讓同志團體共同發起一場小型靜默遊行，約有一百多名來自各地的同志集結到屏東，希望藉此與南部民眾一起重視同志的權益以及被歧視的霸凌現象。在二〇一一年五月，高雄南人窩同志參與「五一五台灣國際家庭日快樂義走」活動，提出關注多元家庭的訴求，但卻遭到部分教會團體驅趕，並唱聖歌包圍同志，引發同志朋友的畏懼。同年七月教育部舉辦八場性別平等教育公聽會，南部場次遭到激進保守教會強行闖入，干擾支持性平教育的發言者，在場外亦口出仇恨言論，會議結束時唱聖歌包圍同志朋友。台北地區以外的南台灣同志人權面臨接踵而來恐同分子的壓迫，使得南部同性戀團體決定自行在南部籌辦同志遊，當北部同性戀運動漸漸被大眾、媒體所關注，其他地區也不應該沉默。二〇一〇年九月十八日高雄舉辦了第一屆的同志遊行，二〇一一年正式成立高雄同志遊行聯盟。

第一屆「高雄同志遊行」主題為「勇敢站出來，同志好自在」，約有兩千多人走上街頭關注同性戀人權，從文化中心走到五福路，最後到達捷運中央公園站，整條遊行路線氣氛歡樂且熱鬧，大家高舉彩虹布條，要讓眾人注意到同志遊行以及關注同性戀人權。

另外，不光是同志參加遊行，就連異性戀朋友也站出來替同志朋友發聲，在台上高聲呼籲要支持性別平等以及性別多元。在遊行尾聲時，葉永鋕的媽媽也到現場鼓勵，加入聲援，現場對葉媽媽的到來用熱烈的掌聲與歡呼聲迎接，勇敢的葉媽媽到現場便以激動高亢的口吻說：「我很高興在高雄見到你們！可見高雄有在進步了，沒有被傳統觀念綁得死死！」眼眶含著淚水，多次告訴台下參與同志遊行的朋友們「你們沒有錯」、「孩子們，你們要勇敢」。並激動的說：「我曾經誇下海口，我救不了我的小孩，但我要救跟他一樣的小孩！」當時台上站在一旁的主持人鄭智偉早已淚流滿面，底下的遊行參與者，也個個淚如雨下，場面激動感人。

第一屆高雄同志遊行結束後，次年仍繼續發起第二屆遊行，主要訴求為「走出冷漠，關心同志議題；走出房間，攜手上街遊行」，這次參與遊行的人數又比去年更多，遊行的過程也更加熱鬧，遊行隊伍熱情地與路人打招呼揮手致意，場面歡樂。隊伍中不同的團體提出不同的訴求，包括同性戀婚姻合法化、同性戀要享有公平的醫療權等等，並且對於因為性別平等教育放入中小學課綱引起社會部分爭議，以及在真愛聯盟的強烈反對下，教育部最終暫緩此項政策的決議表示強烈抗議。

除了高雄之外，其他地區也陸續響應，東台灣地區的花蓮在二〇一一年五月二十一日，由東華大學Rainbow Kids同伴社主動發起花蓮首次同志遊行，東華大學同伴社的社長蘇翠涵表示，在校園中仍然可聽到充滿對性別氣質不同族群的霸凌言語，學生希望從校園出發，把尊重性別多元的意識散發出去。第一屆「花蓮彩虹嘉年華同志遊行」約有百人上街共襄盛舉，由於是學生發起的遊行，遊行氣氛顯得活潑熱情，大家一起高唱張惠妹的〈牽手〉，彩虹旗幟飄揚，為大家認知中純樸、保守的花蓮，增添不同的氛圍。同伴社成員傅于娟表示：「有些東西不是呼口號就可以達成，希望透過這個遊行讓大家知道，同志是生活在你的周遭，你沒有辦法否定這件事，就是要承認他、面對他，而同志自己也不要恐懼，所以我們這次的口號有『同志站出來，恐懼不要來』。」東華大學的老師也多力挺同志，到場呼籲要尊重多元性別。除了東華大學的師生之外，北中南各地同志（友善）團體也現身花蓮，聲援這次的同志遊行。值得一提的是，花蓮在地劇團，花天久地成員有老師也有家長，其中一位身為母親的團員，當她表明這次來參與遊行是為了自己的兒子時，引起台下一陣熱烈歡呼。接著，二〇一二年第二屆的花蓮彩虹嘉年華同志遊行，核心概念為「花蓮同志站出來，讓社會看見我們的存在」、「花蓮多元風景線，我們異同去郊遊」以及「尊重差異做出來，不要只是說出來」，並以「世界有異同，東岸也彩虹」為主題，希望花蓮同性戀社群和關心性別平等議題的朋友一起站出來，爭取自己的權益，也讓社會大眾知道，不能忽視性別議題。

在中台灣部分，台中在二〇一一年十二月十七日舉辦了中台灣的第一次同志遊行，以「異同為愛站出來」為標語，訴求「建立性別友善公共空間」、「推動催生《伴侶法》與同志婚姻合法化」、「打造性別人權城市」。當日在台中公園集結了上千位同性戀與異性戀團體以及學生團體，場面浩大，在遊行一開始，以升起彩虹旗儀式揭開這次的遊行序幕。這是中台灣首次同志遊行，希望能將台中打造為同志友善居住環境，對同志內部呼籲彼此能夠更有勇氣地為自己的權益發聲，對外也希望大眾能夠看見同性戀權益需要被重視。中台灣同志遊行聯盟的發言人賴正哲在台上慷慨激昂的表示，台灣的同志遊行還不夠，我們的同志權益目前還只是一個口號，根本沒有被真正落實，總統大選也沒有與同性戀相關的政見被提出。呼籲北中南各地的同志們要勇於站出來爭取自己的權益，而遊行隊伍中，每個團體都不停地高喊他們的訴求、口號，高舉著他們的標語，希望大眾與政府能夠看到他們的訴求並且落實。

遊行尾聲，台中市副市長蔡炳坤也前來支持同志遊行，並表明要落實同性戀相關權益，必須從教育做起。近年來，我們不難發現，除了台北地區之外，各地方的同志遊行陸續興起，為了避免與第一屆台灣同志遊行一樣，面臨主體性爭議的困擾，各地的同志遊行也以自行籌款的方式舉辦遊行，換言之，各個地區都為了同志權益以及為了讓同志社群自己能夠勇敢站出來而努力。同志諮詢熱線協會社工主任鄭智偉表示，比起早期，同志的處境確實已經有所改善，能夠接納同志的人比以往更多，勇敢接納自己同性戀身分並認同自我的人也比早期多，但是並不表示對同性戀的歧視已經完全消除，否則這幾年來的努力下怎會仍然有同志自殺案件？鄭智偉也感嘆，楊允承的自殺案讓他受到極大的打擊，很難過，也不斷地自我反省，到底同志社團的努力是不是做得還不夠？

## 排除同志，就不是性別平等教育

毫無疑問地，楊允承事件對同志團體來說是一大挫折。同志團體這幾年來致力於學校教育，以及家庭教育，在各地各學校舉辦多場演講，呼籲教師關心性別氣息不同於他人的學生，積極的推廣性別平等教育；也針對父母舉辦多場演講教育，希望不要排斥自己的孩子是同性戀或跨性別的事實。鄭智偉表示，近年來加入同志諮詢熱線協會的父母志工們越來越多，接受自己孩子是同性戀身分的父母也比過去更多，這是一個好的、進步的現象。

除了楊允承事件讓同性戀團體痛心，也讓他們不斷自我反省之外，二〇一一年，教育部計畫將同志教育納入二〇一一年實施的國中小學九年一貫課綱綱要中，卻引發家長以及部分宗教團體抗議，並組成真愛聯盟來對抗教育部的這項政策。真愛聯盟反對將認識同志的議題納入中小學課綱中，他們認為多處內容已經違背「消除性別歧視與偏見，尊重社會多元化現象」之性別平等教育課程目標，可能會混淆兒童性別認知，鼓勵青少年發生性行為，並引誘其發展多元情慾（同性戀、雙性戀、跨性別等），以及多元家庭（男男婚、女女婚、性愛分離伴侶等），整體來説，真愛聯盟認為性教育不應該和性解放畫上等號。

台灣性別平等教育協會祕書長賴友梅在二〇一一年五月，立法院召開的記者會中表示：「這是《性別平等教育法》在通過這七年來滿大的反挫，我們認為，認識同志才能夠反霸凌、反歧視。其實只要排除同志，就不是性別平等教育。」民間團體同時也呼籲，社會在關注校園霸凌的同時，不要忽略青少年同志的存在，也不應該漠視同性戀學生在校園中可能遭到的霸凌，對於真愛聯盟反對教學資源手冊內容所引發的爭議，民間團體也表示，這是斷章取義所造成的誤解。具爭議的部分主要希望教導青少年同志安全性行為，而不是外界所誤解的性解放。

這整個事件我們可以發現，雖然社會普遍可接受同性戀，也可接受討論同性戀議題，但是對於同性戀教育，大多數家長以及部分團體仍無法接受，正如鄭智偉所指出，要讓社會大眾真正的接納同志，以及重視同性戀權益，是一項很大的工程，同志遊行以及性別教育需要不斷的進行，仍然需要很大的努力。男女的性別平等觀念已推行很久，但是男性、女性到現在仍沒有真正得到平等，就更遑論同志的處境了。另外，《中國時報》在二〇一二年八月，對八百五十二位成年人做過一次統計調查：「是否願意和同志做朋友？」有百分之六十一的人願意和同志做朋友，卻也有百分之五十七的人無法接受自己的家人是同性戀，這個結果相當弔詭，能夠接受朋友是同志卻無法接受家人是同志。鄭智偉表示，其實大多數父母仍然無法接受小孩的同性戀身分，同志最大的壓力來源出自家庭，這或許不能斷言就是一種歧視，但是它代表了傳統價值使他們有這樣的想法，而這種傳統價值就是對於性別的某種壓迫。

同性戀運動的挫折一直存在，對同志最大的挫敗其實是社會既有傳統性別的價值觀仍然根深蒂固，正因為這份性別價值觀長久以來深入人心，要改變絕非一朝一日所能成功，而對於同志的歧視、霸凌，對政策上的反對，其實都是源自於我們的價值觀認為同性戀仍是不正常的，才有反對的聲浪以及行為。政治人物常常為了選舉利益而發表對同志有利的政策，但在他們達成目標後，這些政策絕大多數沒有落實，這就是同志的特殊處境——既是一群不可忽視的群體，但若要真正落實同性戀人權政策，卻又面臨和社會傳統價值觀的抗衡。另一方面，媒體對同志以及愛滋常有汙名化的報導，經常將同志開轟趴和愛滋作連結，引起社會大眾不正確的聯想，更加排斥同性戀者。

總體來說，台灣社會以及父母對於同志的接納程度，比起過往已經是相對進步，過去父母若不是不願意面對家中孩子是同志，就是以排斥的心態希望同志孩子能夠被矯正成「正常人」；而現在已有部分家長主動接納孩子是同志身分，也有越來越多人正視同志議題；同志族群內部比起過往，有更多人認同自己的身分並站出來爭取權益。現在的社會確實是有進步，但是不代表同志就被完全接受，沒有任何歧視。同志權益仍然需要被重視，只不過這中間有許多不同的聲音以及力量在相互拉扯。台灣同志的權益還沒有完全被重視，社會上的歧視仍然存在，運動仍要持續。

## 多元成家法案的推行

近年來，多元成家的議題逐漸受到重視，多元成家為《多元成家立法草案》之簡稱，其包含婚姻平權（含同性婚姻）草案、伴侶制度草案、家屬制度草案。

其中，在二〇一二年九月八日台灣伴侶權益推動聯盟發動了一項「多元成家，我支持！」聯屬行動，聯署起跑十天，已經有超過一百個團體五千人進行聯署聲援，包含歌手張惠妹、資深媒體人馮光遠以及知名作家陳雪，都在第一時間公開表示支持。以下簡單介紹此三項制度之差異：

一、婚姻平權（含同性婚姻）：將《民法》中現有關於婚姻與家庭的敘述，由男女修改為「兩人」，將父母修改為「雙親」，將婚姻關係由男女結合，擴及至同性戀、跨性別等。並將現行《民法》規定男滿十八歲、女滿十六歲之結婚年齡限制，修改為男女最低訂婚與結婚年齡分別為十七歲及十八歲。

二、伴侶制度：不以愛情或性關係為必要基礎，情人、朋友、鄰居間均可締結。以平等協商、照顧互助為基本精神；以兩人為基礎；無姻親關係，不具有通姦罪；有共同收養或收養對方子女之權利；得以單方消解伴侶關係。

三、家屬制度：以共同居住為要件，有配偶之人需要與配偶共同登記，以永久共同生活為目的而同居的互助關係；兩人或兩人以上；無姻親關係，不具通姦罪；可單方由家庭中分離。

然而，多元成家議題之所以造成社會許多反彈聲浪、兩造對立激辯，正是因為它挑戰了傳統思維，以及社會文化既有對於婚姻的意識形態及想像。一般人對於婚姻的想像仍以異性戀一夫一妻制、傳宗接代為首要，依此文化脈絡下，婚姻從來不是同志族群可選擇的選項，也是婚姻平權受到抨擊的原因之一。

但我們仍要對於婚姻多一點的想像空間，給予更廣義的定義，故此，同性婚姻主要是將民法中婚姻與家庭的性別要件中立化（如將「夫妻」改為「配偶」、「父母」改為「雙親」），看似是為了將同性婚姻合法化，但更積極的意義則是去除婚姻中的性別要件，使多元性別者得以自由進入婚姻，不需受限於生理、心理、社會的性別規範。

不過，現行台灣同志若要結婚，仍是不被允許的，二〇一四年八月一日七夕情人節前夕，將近三十對同性伴侶現身台北市中正區戶政事務所要求登記結婚，遭到拒絕。台灣伴侶權益推動聯盟執行長許秀雯律師表示：「作為法律人，支持婚姻平權的訴訟，很重要的原因是因為我們相信每個人應該是生而平等自由的，而法律應該是作為對抗壓迫和歧視的工具，不應該是作為鞏固和施加壓力和歧視的工具。這就是為什麼我們要站出來。伴侶盟在過去四年多來一直推動多元成家三套法案，其中婚姻平權的法案關係著同志能不能夠依據法律結婚，但是很可惜這個法案從去年十月底在立法院院會通過一讀之後，一直被擱置。同志能不能夠有結婚的自由是一個基本人權的議題，我們也要強調目前在世界上也有十七個國家通過同性結婚的法律。」

支持同志婚姻平權者也表示，希望同志之間的愛，不會再因為這些制度而阻擋彼此的關愛。台灣伴侶權益推動聯盟秘書長簡志潔也激動表示，希望政治人物能夠早點釐清同志族群也是台灣社會的公民，不要再忽視同志族群結婚的權利。

雖然同志團體對同志人權的爭取持續多年，但台灣現況對於同志所提出之訴求仍有需多反對聲浪，其中反多元成家團體「下一代幸福聯盟」於二〇一四年十一月三十日在凱達格蘭大道上站出來，以「我要有爸爸有媽媽的家」為主題，提倡婚姻應該是一男一女、一夫一妻之成家觀念，反對同志婚姻平權以及伴侶制度。

現行同志族群對於同志權益的伸張已走入主張婚姻合法化階段，在仍相對傳統的台灣社會文化中，實屬不易。我們對於同志婚姻權利的重視、對於性別的反思以及傳統婚姻關係的想像不應該停滯不前。

二〇一五年五月二十日，高雄市開放同志伴侶於戶政資訊系統註記伴侶，稱「陽光註記」。六月十七日起，台北市政府也開放同性伴侶註記，十月一日起台中市也開放此註記。然此並不具《民法》等法律效力，也不會顯示於身分證、戶籍謄本、戶口名簿，象徵意義大於實質意義，但在醫療上較有認定的效益，若找不到親人簽署手術同意書，只要同性伴侶加簽「個人資料查詢同意書」，即可代表家屬。此舉代表地方政府在同志婚姻政策上漸趨開放，但在法律層面的修訂，卻未見中央與地方實質的時程表。

# 文萌樓公娼紀錄

黃顯淨

你哪問我什麼是幸福，叫我怎樣講。阮若是千金小姐，好命還嫌不夠。
你哪問我什麼是人生，叫我怎樣回。阮不是在家閨秀，幸福要叨位找。
啊！阮是野地的長春花。幸福是風中的蠟燭，咱要用雙手捧。
啊！阮是野地的長春花。人生是暗夜的燈火，帶咱行向前。
雖然是乎人看輕，走到這條路。阮嘛是飼家賺吃，有什麼通見笑。
紅燈路頭街巷，暗暗孤單行。唉呦！換來一家的吃穿。
我的人生呦！

——〈幸福〉麗君阿姨、春夫人合唱團

## 台灣性產業制度

一九九七年的公娼抗爭時期，公娼們抗議政府廢娼，在西門町街頭表演，唱出心聲表明訴求。當時一名婦女怒斥公娼麗君，而麗君無畏自己是公娼，背負著汙名化的身分，當街與婦人爭執。婦人說：「為什麼一定要做這樣的工作？換作是我的個性，我寧願餓死也不會去做那種的工作，妳知道嗎？」而麗君回答她：「因為這個工作是市政府給我們的，牌也是市政府給我們的，不到四十個小時給我們廢掉，我們會甘願嗎？我兒子不能餓死，妳懂嗎？我兒子一樣要讀大學一樣要生存啊！」婦人接著罵麗君做娼妓不要臉並說：「總說一句，妳們就是怕吃苦啦！妳們只想要兩腿張開就有錢可以賺，賺那種軟錢，妳們知道嗎？妳們就是不能吃苦啦！」麗君理直氣壯的反問她：「我有搶嗎？有偷嗎？我有欠妳會錢嗎？有搶妳的丈夫嗎？既然沒有，為什麼說我不

要臉；我割稻採茶什麼都做過，妳有嗎？妳有嗎？妳割過稻採過茶嗎？哪裡不能吃苦？」婦人回：「我們家沒有在種田啦！」麗君說：「那是妳好命啊！我什麼都忍耐，對不對，我今天為了家庭犧牲自己……」

世上職業百百種，有人會認為，為什麼好手好腳的要做娼妓，娼妓一定是淫蕩、好吃懶做躺著賺，有人覺得名節比活著還重要，做娼是自甘墮落。既然有這麼多人對娼妓反感，那麼，台灣為什麼一開始會有合法的公娼？後來又是因為什麼原因廢除，引發了一連串的抗爭行動？

一九四九年國民政府遷至台灣，原本政府希望採取禁娼政策，但因為隨著數十萬大軍來台的需求，發現了禁娼制度的不可行，從台北市發起需要公娼制度的需求，於是在一九五六年，台灣省政府公布了公娼制度的管理辦法，除了保障性工作者及客人的權益，對於公衛治理也有明確的界定，公娼每個禮拜接受性病檢查，只要一發現性病的感染就必須立即停工，並且接受治療，在這樣管理的辦法下，公娼的性病傳染率為零。

前台北市長陳水扁任內期間，當時的他是個如日中天的政治明星，也是民進黨有機會問鼎總統大位的第一人，為了討好台北市的中產階級，開始大力進行掃黃的工作，以此作為政績。在一九九七年一月時，陳水扁被國民黨議員郭石吉、李仁人、蔣乃辛、秦慧珠、林晉章、陳學聖、李慶安、陳玉梅議員質詢，秦慧珠議員問陳水扁：「如果一個女性想要去當妓女，她大概需要什麼樣的條件？」陳水扁說：「這個我不懂。」，秦慧珠說：「你雖然不懂，可是你發了一百〇七張的妓女證，你知道嗎？陳市長你批准了一百〇七個女性去當妓女你知不知道？哎呀！我們這個陳水扁市長一方面掃黃，一方面抓色情，一方面鼓勵大家去從娼。」於是陳水扁就在當下宣布：「現行的娼妓政策錯誤，執行績效不彰，娼妓境遇悲慘，嫖客仗著金錢是婦女為洩慾工具，不尊重婦女人格，乃不人道且違人權之做法……應該廢止這個不合時代的法規。」

以社會道德傳統的角度來看，廢娼是在拯救女人，但實際上以此勞動為生的人，廢娼卻是給了她們的生活重重一擊，很多時候，剝奪了的生計，也是剝奪了她們的生命；公娼面對國家體制的壓迫還有社會結構的禁錮，不是她們不想往上爬，而是連這個機會都沒有。

出生農家的麗君，從小沒有讀書的機會，五歲喪母後就必須開始承擔家務，十歲就到紡織廠工作，到了二十二歲嫁人，丈夫卻沒錢養家又外遇，於是她決定離婚，並帶著兩個孩子獨自生活，在社會底層沒有青春的校園物語、沒有浪漫的愛情故事，麗君一生都為了生存而打拼，她說兩個孩子是她的生命支柱，入行前她也糾結了很久，當初為了孩子所需的三百元，到處借不到錢，坦白說借一次錢別人就怕了，何況別人也不一定有能力去資助你，到最後只好心一橫去做娼。

這個行業本身因為需求而存在，不論是社會對於性產業的需求或者性工作者的勞動需求，實際在合法保障的情況，沒有輿論者口中所謂的受害者，麗君站出來說的故事，並不是為了要博取同情，而是要讓大眾看見這就是娼妓普遍的生命樣態，做娼的背後可能是要養活一個家庭、支付孩子的學費，如果社會大眾能更有同理心地看見，就能夠減少汙名化的歧視。況且無論支不支持公娼制度，這個產業都不該在一夕之間成為非法的工作，更不能因為政客對於特定客群的討好，而犧牲少數勞動者的權益。

當時的社會局長陳菊曾經投書表明：「廢娼的用意是為了這些性工作者著想，是為她們的生命開啟另一扇窗。」但國家官員對性工作者的善意，卻是以直接剝奪她們工作權來展現！並用道德的印記否定這個工作的價值。廢娼的十年後，一百二十八名公娼中有三人已自殺身亡，七成轉入私娼。對比起廢娼時陳水扁在媒體面前對著公娼說的一句：「台北市餓不死人啦！」格外諷刺。

長期投入妓權運動的已故公娼官姐曾說：「作為公娼，是你情我願之下，這樁交易才會達成，公娼拿的錢是彼此心甘情願賺來的，比起政客，拿人民的錢卻不做事，公娼賺的錢比政客乾淨得多。」

一九九七年九月，大同區和萬華區的公娼，為了爭取「延緩廢娼」，並爭取性工作的權益，成立台北市公娼自救會，官姐是會長，麗君是副會長，兩位總是站在最前線，走上街頭，展開了一年七個月的抗爭。公娼秀蘭回憶道：「當時第一次，一百二十八個公娼一起去抗議，還請遊覽車來載，載到市議會外面開始要下車時，每個人都趕緊把公娼帽戴起來，下車開始一步一步，要走進市議會的時候，那個腳步真的很沉重……」說著說著不禁哽咽。

一九九九年一月，台北市政府公告「緩衝廢娼兩年」，自救會解散，並於同年四月三十日成立了「日日春關懷互助協會」。日日春致力於性產業的勞動調查、性產業除罪化和去汙名化運動、維護性工作者人權以及性產業的歷史研究推廣等等，成員包含了許多的志工及公娼。

當年有一位公娼自殺，日日春團隊去市府抗議，幾乎沒有小姐敢面對媒體講話，當時麗君突然跑出來，雙腳一攤出來跪下，面對著政府說：「阿扁啊！你留給我們公娼一條生路啊！」所有的鎂光燈湧上，她情緒激動，氣喘不過昏眩倒地，那是麗君第一次出來說話。

當時日日春的理事長王芳萍問麗君：「妳怎麼有勇氣？」麗君說：「沒人出來，外面的人不知道小姐的艱苦，自己的日子過得去，但是要幫其他的小姐說話。」王芳萍在麗君的追思會哽咽地對天上的麗君說：「確實，從來沒有聽過妳對自己的命運哀怨過。」

其實在陳水扁宣布廢娼時，麗君剛好繳完房貸與會錢，經濟負擔小了，大可以離開這個環境，但是她沒有這麼做，她覺得如果大家的苦難都沒有人講，那社會上就不會有人知道，所以她才開始去拿麥克風，為公娼姐妹們發聲。她也說：「還沒抗爭之前，都不太了解社會的事情，不懂他們為什麼有些人要在馬路上、鐵軌上抗議，怎麼不去做自己的事？但是在自己參與抗爭之後才了解，喔！他們也是不得已的，沒辦法的時候才走出去抗爭的。」

廢娼的這些年間，她們呼起口號、走上街頭，一項項訴求喊得理直氣壯，然而回到現實生活，有些公娼連繼續從事私娼的工作都沒辦法，有的人癱瘓了、有的人自殺了，也許人們會覺得為什麼娼妓不去做其他的工作？但轉業並不那麼容易。官姐經常感慨：「變成非法，什麼人都可以騎在你頭上，我們只有低頭，求人手勢拿高，放我們一馬……」二〇〇六年在廢娼九週年的前夕，長期投身妓運的官姐，也因生存的壓力跳海身亡。

一直以來日日春除了致力於妓權運動，也舉辦了許多的活動，像是娼妓文化節、各種紀錄片影展論壇，也出版過許多關於以娼妓為主題的書，期待在文化和政治上有更多的鬆動。日日春藉由文萌樓這個場域特殊的歷史性及文化性，去和社會討論關於性工作者勞動權、去汙名的各種議題，而從公娼抗爭的運動中，也讓婦女運動進入了更深層的討論。

## 性政治的不平等

台灣對於「性」的概念，以往是躲在棉被堆底下生兒育女的事，然而不被正視的性需求不會因此消失，只是被埋藏在社會中不被看見之處。而有許多弱勢的勞動者，也許無法有穩定的時間與金錢去營造一個家或維持一段關係，但還是有生理需求，故性產業有其合情理之處。

但是即便如此，除了屈指可數的公娼，絕大多數的性交易仍處在地下化狀態，在二〇〇九年大法官針對《社會秩序維護法》第八〇－一－一條釋憲之前，是罰娼不罰嫖。衍生出的「釣魚」事件層出不窮，因為娼妓被視為不合法的行業，有時警察為了業績壓力，會假裝嫖客釣小姐，白嫖一場之後再取締小姐，將小姐的「不法所得」沒收。很多小姐被警察釣魚搞得精神耗弱，甚至有小姐到最後因為擔心再被釣魚，草木皆兵，只要嫖客的電話一響，就緊張的連衣服都沒穿，拉著毛巾就想逃跑。吳若瑩形容罰娼條款是：「我們一起做了這件事，你情我願，各取所需，但我受罰，你卻沒有，甚至還變成指證我犯法的證人。」

「大法官釋憲第六六六號解釋」認為：「罰娼條款」違反憲法「平等原則」，必須限期修法。然而這個釋憲結果即便認定罰娼條款違憲，卻未正面認定性工作者也有工作權，二〇一一年雖然完成了修法，條款改為授權地方政府可成立專區，專區內娼嫖、第三人皆不罰，專區外則是娼嫖、第三人皆罰。但此條款卻是有名無實，因為台灣目前根本沒有任何一個地方政府，願意冒政治風險來設立性專區。在這一塊社會隱形的勞動市場裡，現在不論是哪一方都沒有合法勞動、消費的空間。

汙名化的事實緊跟著公娼，很多小姐不敢讓別人知道自己就是娼妓，然而麗君阿姨的告白卻是：「我覺得我還有一口氣替眾人說話，就感覺很光榮。」充滿了俠義與正氣，即便沒有受過什麼學校教育，但在娼館看過世人台前台後不一致的人生、各種不會在台前浮現的人生，多P、老婆帶老公上娼館、喜歡穿女裝等等，這些真實，在娼館讓麗君阿姨看盡了，換來的是她擁有溫暖與包容的遠見，撫慰著這些人的心。

一九九九年《花花公子》（*Playboy*）雜誌來找公娼拍裸照，人民民主陣線士林工作站主任周佳君（一九九七年反廢娼運動，周佳君是第一線和公娼一起組織抗爭的社運工作者），在麗君的追思會上回憶，那時候很熱鬧，很多公娼擠在攝影棚裡面，當時麗君把我叫過去，叫我摸看看你的胸部，你的胸部很美，你的乳頭是很好看的粉紅色，但是我摸的時候，那胸部底下有個硬塊，你跟我說：「等抗爭結束後再來看醫生」，早在那時候麗君阿姨，對於「個人生死的病痛」跟「集體抗爭這樣的生存利益」，已經有排序與選擇了。

也許我們常覺得同情娼妓，但除了同情之外，在另一個層次上，很多時候公娼協助了許多的社會壓力以及需求的問題，就像一開始會有公娼這個職業，是為了解決大量軍人的性需求，時間久了這也成為社會運轉的一環，成為合法的工作，然而社會上僅只有隨著國民政府來台的軍人有性需求無法解決嗎？或者是我們的社會還是無法正視、了解每個人都會有性的需求？比起吃飯、睡覺，也許這個需求對於社會而言還是隱晦的多，但這其實就像每一個日常所需般平凡，一樣需要被滿足。這樣一個平常的生理需求，不需想得太複雜或太道德化，即便以道德之說來論述，看見需求後以合法、安全，並且保障彼此的方式行使性交易，才是能夠保護更多人的方式，而不是抹去所有人性需求的蹤影，假裝沒有這件事會發生。

## 解放——以文萌樓作為媒介

公娼秀蘭在文萌樓古蹟抗爭現場拿著麥克風說道：「我在古蹟內的喜怒哀樂，過去沒有人知道，看不到摸不到，不知道這個東西，就好像和社會隔離，廢娼後我們走出社會，有人支持有人吐口水，我們在這裡慢慢的跟你說，於是汙名歧視逐漸的淡掉，這就是留下這個古蹟的意義和價值。」

坐落於大同區歸綏街的文萌樓，建於一九二五年，從日治時代就提供了勞工階層性服務。一九九七年以後她是台北市公娼抗爭自救會的會館，一九九九年公娼抗爭自救會轉型為日日春關懷協會，致力於性產業的政策改革以及經營文萌樓，二〇〇六年文萌樓正式取得了古蹟的制定，從那時候開始，文萌樓有了她的文資身分。

文萌樓的指定理由中，最關鍵的是文萌樓作為「反廢娼運動中心」的文化意義，性工作者挺身爭取自己的權益，從她們的勞動歷史和反抗運動的經驗，來理解這些公娼館、回顧性工作者及娼運的故事。而日日春則從反廢娼運動開始，一直到成功推動文萌樓的古蹟指定，持續在此經營，由小姐自己來講性工作的勞動意義，也為自己去汙名。

人民民主陣線算帳團的周志文，坐在輪椅上現身抗爭場所，他說：「在文萌樓裡面，能夠敍述了自己過去對於性霸凌，以及在親密關係上的一些困難，如果沒有文萌樓這個空間，都不去面對不講，就算我講了，也會被外面的人去質疑說你有這個需求嗎？有這個能力嗎？在文萌樓這個空間裡面談論『性』是被平等對待的，而且是被認同和理解的，在這樣的空間包括阿姨也認為，所有人都有一個性需求，現在普遍社會用的方式都是感覺很正義，但其實是很虛偽的方式對待。」

日日春的執行長鍾君竺說明，曾經有護校的老師帶學生來參觀文萌樓，看似純粹的醫療、生理照護，其實也常接受到疑似性騷擾的問題，但病患有時在醫院內住一兩個月，沒有一個空間能處理他的性需求，以至於產生了性騷擾的問題，很多時候這些卻是我們沒有辦法去理解的。而來日日春聽阿姨、志工導覽，才更進一步的知道，這不只是以性騷擾的角度來理解、排他，而有更多的同理來思考如何面對職場裡的這些問題。

這也突顯出社會更底層的需求，對於身心障礙者的權益，國家社會福利制度總是僅著眼於保險醫療、無障礙空間等，卻忽略那些看不見的需求，又或者在泛道德的社會中，我們無法坦然地談論這個存在於每個人身上的「性」。

另外日日春曾經在活動中遇過性工作者的兒女，在那些經驗中他們談到，過去在家裡，兒女是沒有辦法談論這些事情的，甚至是從外人身上得到負面的價值論定，或者是看到媽媽與其他男人的合照，以至於內心糾結，無法理解媽媽在做什麼。

二〇一四年日日春關懷互助協會、快樂學堂人民連線舉辦「賺吃女人的兒女們」（性工作者的兒女們），與談的性工作者兒女，在母親的養育下都走進了大學、研究所，然而她們卻形容自己被教育漂白了，與母親的隔閡是種社會性距離，她們決定走出來，找回生命原本該有的顏色，並如母親的精神一般在，社會中為自己的身分拚搏。

一位化名分享者蓮花說道：「為什麼要重述我的故事？為什麼麗君阿姨要出來講她的故事？為什麼秀蘭阿姨要導覽文萌樓？我覺得那非常的重要，是一個可能性，告訴大家我們生活的世界根本不是書上寫的那樣！書上寫的是平行世界，生活才是非常真實的，像文萌樓這樣的世界才是真實的，而這些人的努力，我們這些媽媽們的努力，或是來這些媽媽這邊尋求安慰的底層男性，也有他們的痛苦和需求，為什麼都要在那個中產階級、白白淨淨的世界裡通通被抹掉，不能存在？並不是每個人都活在那個真空，無菌的世界。」[1]

鍾君竺說明藉由這些社會對話，使性工作者的兒女間接地了解自己的家人，從日日春導覽中理解母親的勞動工作，甚至會帶日日春的書和CD回家，放在家裡醒目的地方，用這種方式慢慢地靠近這個議題，慢慢地靠近自己的母親，讓媽媽知道自己對她的認同，也因為這種愛的表達形式，使得母親逐漸地願意說出自己的勞動經驗與生命故事。

文萌樓現在成為性權及娼妓文化去汙名的一個重要基地，她的歷史價值在日日春及志工的耕耘之下，使得被社會排出的人，有機會回頭去肯認自己的勞動及文化，在去汙的過程中，社會看到了原本不被看見的性別議題。

但是日日春與文萌樓依然面臨著許多的困難，像是有些居民可能會認為：你們為什麼不搬走？為什麼要把小姐、娼妓寫上大門？既然都已經廢娼了，為什麼還要持續講性工作的歷史？想徹底和性汙名區隔。部分甚至因為都更的利益誘因而產生了「廢古蹟」之說，然而就算抹去文萌樓的文資身分，她們身後的文化背景與歷史意義也無法消除，真正該廢的是對性工作的歧視與汙名，而不是古蹟。

## 都市更新下的古蹟炒作

台灣目前各地都更四起，政府大量的發放容積獎勵鼓勵開發。在文萌樓的案例中，林麗萍、劉順發看準了古蹟容積移轉與都更所能換取的利益，在二〇一一年以劉順發名義用三百三十萬買下，並提告日日春，欲將她們趕出文萌樓。

抗議古蹟淪為炒作之用，公娼麗君說：「文萌樓裡整個屋子都是故事，古蹟不能只看外表而已，如果你們將日日春趕走，以後叫誰來說裡面的故事？」古蹟不只是硬體建築，更應該要保留「活的古蹟」。

文萌樓的存在意涵是讓被社會排除的人，有機會去從新回頭認同自己與他人的勞動，從站出來的性工作者身上來得到力量，讓人更勇敢地面對加諸在自己身上的各式汙名——「性工作者可以，我也可以」。這是為什麼公娼阿姨們要在文萌樓這個場域，訴說她們自己的故事。藉由公娼阿姨以自身勞動經驗與參訪者的勞動經驗相互撞擊，使我們認知到，當別人歧視自己時，那就像一面鏡子，看到他人眼中的自己，使得自己內心歧視自己。欲擺脫社會賦予的印記，唯有重新回頭認識自己，而藉由文萌樓作為媒介，使參與者重新獲得自我認同。

林麗萍、劉順發買下了文萌樓屋殼，讓長期蘊育並支持著妓運的古蹟文萌樓，成為獲利的工具。擁有文萌樓的新屋主劉、林二人，在都更規則中進可攻、退可守。第一種獲利的方式是他們可以透過文萌樓參與都市更新，與土地所有人（即臺灣銀行）共分約百分之十五至二十五因土地而來的利益；若是將文萌樓捐作公益設施，則屋主甚至可能再向都更實施者（即建商）談判要求更多的利潤。第二種獲利的方式源於古蹟不能拆除，政府為了補償地主無法開發此地，於是讓地主能將土地未蓋出的容積等值轉移到其他地區使用，劉、林二人若再向地主臺灣銀行購得文萌樓所在之土地，就能透過容積移轉賣給其他需要容積的建商，賺取開發利益。據日日春估計，買文萌樓屋殼三百三十萬，最高可能賺取上看三千萬的十倍利潤。[2]

日日春作為中介溝通，不論是街頭抗爭、與政府部門接洽和屋主斡旋，只是希望回歸古蹟的公益性。日日春的秘書吳若瑩說：「在這之中，看見了一個古蹟的生命週期的轉變：從文萌樓有文資身分開始，到被轉賣給投機客想用古蹟獲利，而甚至是古蹟被劃入都更；現在則在新政府上台後，似乎有轉為公辦都更的可能，但社區也為了推都更而有『廢古蹟』的聲浪。從這邊看到，即便古蹟獲得指定，都不見得是happy ending，更無法跟政治的動態脱離開來獨善其身。」

官司纏訟屆滿四年，歷經三審判決，最高法院認為文萌樓是未經合法登記的建物，產權無法轉移，所以劉順發、林麗萍即便買下文萌樓也無法取得《民法》七百六十七條保障之「所有權人」的權益，也就無法將日日春協會趕出文萌樓，然而屋主持續上訴，還加告《民法》一百七十九條的「不當得利」。

林麗萍、劉順發將古蹟買下後，也許最終目的是要將古蹟換成容積，再把容積換成金錢，將文萌樓當作變賣的道具，忽略古蹟的公益性。文萌樓的古蹟價值被轉化成為商人眼中的寶庫。二〇〇六年文萌樓取得了古蹟的制定，她的歷史意義是由各方工作者的生命所累積出來的，名號也是由日日春及性工作者爭取而來，到頭來卻成了他人換取利益的籌碼。二〇〇六年以前文萌樓是個有實無名歷史建築，歷經日日春及公娼的努力，二〇〇六年台北市政府文化局以「一九四一年始為公娼館所在，為都市發展史河港城市性產業歷史記憶地區，亦是反廢娼運動中心，尤具紀念意義」為理由，指定捲動底層運動的文萌樓為古蹟，但在獲得它該有的名份後，二〇一一年卻落入他人的手中，即將變成有名無實的空屋，任憑歷史流逝於金錢遊戲當中。

其實依照《文資法》第二十八條，古蹟所有權要移轉之前會事先通知台北市文化局，若文化局有先調查屋主的背景，那麼就可以避免古蹟淪為炒作，並且文化局有優先承購權，以保護古蹟的公益性及其歷史性。

換言之二〇一一年的買賣，若是文化局有試圖瞭解承購人的背景，了解他們過去是經營容積公司，目前開不動產公司，由此做為古蹟炒作的可能依據，那麼是能夠將古蹟保留下來的，但文化局的消極作為，沒有善盡保護古蹟的職責，使得古蹟變肥羊，任由他人炒作。

古蹟的公共性與意義是什麼？是都更炒房？是觀光的歷史商品？或有機會成為一個供人記憶的場域。經營方式有很多種，目前台灣的古蹟有三分之一以上是私有產權，文萌樓只是一個縮影。在這些古蹟當中，《文資法》第二十四條規定「管理不當或減損價值者」，可以要求所有權人限期改善，未改善者，主管機關則可逕行接管，甚至要求強制徵收。

法規上來看，就物質層面而言，只要管理者不要損壞古蹟硬體，將它拿來做多無關的事都可以，然而另一個值得議論的是，將日日春及性工作者趕出文萌樓，是否屬於「管理不當或減損價值」？她們一直以來在文萌樓，替文萌樓爭取到文化資產的名字，直接由性工作者導覽，為性工作去汙名化，並翻轉大眾對社會底層文化的認知。若將這些工作者趕走，那麼其他人會如何營造此地不得而知，要體現公娼館的精神文化價值並不僅僅是在這棟建物上花多少錢，那只會使它淪為無意義的商品。

日日春希望台北市政府考量古蹟的公益性，依照《文資法》第二十四條啟動徵收文萌樓的程序，目前土地仍是屬於公股的台灣銀行所有，國家具有一定的主導權，而文萌樓既然已經指定為古蹟，希望能將私有的建物收歸公有，避免古蹟成為炒作的對象，由台北市文化局來做全面的規劃及保存。

## 保護文萌樓

說起日日春與附近居民的關係，以前大稻埕商機活絡，娼館附近也有非常多應運而生的周邊產業，不管是美容美髮、食補藥補、小吃外燴，甚至是為數眾多的西藥房。老一代的居民，和小姐有更多機會互動接觸，對於小姐的態度比較開放，而過去倚賴公娼館所帶來的人流來做生意的老厝邊，不少人仍認為公娼合法管理才是好方式；反之，廢娼後有些從外地搬過來的新住戶，因為沒有機會和性工作者有相處與互動的機會，反而對於小姐有較多的刻板印象，甚至有所排斥。然而這段公娼的過往是實存的歷史，是任何人都無法抹滅的，差別在於，如何能協助社區居民對於和公娼館古蹟為鄰能有不同的看法與認識。

二〇一五年傳出當地居民與里長要求廢除古蹟的聲音，三月十八日台北市政府舉辦「市長與里長市政座談」，大同區雙連里里長洪振恒提出訴求，要日日春遷出文萌樓，並要求「廢除古蹟文萌樓」，他說：「若是未來子孫經過這裡不知如何開口說這是娼館，覺得不好的產業，應該廢就要廢掉。」並與居民提出上千份的連署，希望廢除文萌樓。

然而在廢古蹟一事上，除了居民不願與娼館為鄰，更重要的因素是居民們希望這裡能夠盡快進行都更，使房價提高。雙連里是台北市早期開發的大稻埕周邊，巷弄較為狹窄和建築物屋齡也高，但即便如此，位於市中心的雙連里，新建大樓的房價仍是非常可觀。

日日春為了阻斷投資客以文萌樓做為獲取暴利的工具，於二〇一四年成功將古蹟文萌樓劃出都更範圍。然而文萌樓街廓都更案持續懸而未決，使得都更張力回頭來擠壓日日春及文萌樓。包含在廢古蹟的連署書裡，是地方居民對都市更新的期待，文萌樓被認為因為古蹟性質阻礙歸綏街道路拓寬的施工，影響了可開發的空間，相對的連帶影響房價等私人利益，甚至形成里長、建商與投資客，三方為了要捍衛自己的利益，而不顧慮古蹟的公益性，去對於文萌樓與日日春產生更強烈的壓迫驅力。

長期以來，日日春協會透過不同的方式進行溝通，包括挨家挨戶拜訪、舉辦工作坊，甚至吳若瑩於二〇一四年底參選里長，藉此進一步與地方居民對話，期待參與社區與居民溝通，也是讓社區居民知道，彼此能夠有互利共存的機會，日日春不只關心性工作者，也關心古蹟，關心社區居民。

在選舉的期間居民的反應與建議更多元化，然而所接受的挑戰也更大，因為你會需要習慣別人如何看你，大家看到的可能是對你參選的熱情，但也可能是對這個行動的譏笑。然而吳若瑩說：「這也藉此檢驗自身到底有多少基礎，多少實力，從這樣的過程能讓多少人有辦法跟你一起行動、做政治討論，那才是關鍵。」

文萌樓作為文化及運動的場域，曾經被道德掩蓋事實、被政客做為政績擺布、成為都更下炒作的道具，在這些風波事件的經歷下，更顯得文萌樓保存下來的必要，它的公益性除了記憶早期歷史的公娼、妓運外，更在於這些事件所留下的各種社會反思，證明了這些邊緣者或無力者的反彈，是政府在政治評估的失策。

1 原文出自風傳媒〈性工作者女兒：文萌樓才是真實世界〉王立柔記者的報導。

2 容積移轉係指原屬一土地之可建築容積，一部或全部移轉至另一地區供建築使用。

# 公民在線：
# 社運者速寫

# 施月英

## 我們需要潔淨的水、空氣、土壤，才能健康生存

何思瑩

在中科三期環評審查會的會場，一位個頭嬌小的女生，散亂著黑色的長髮、不斷的想突破警力封鎖，一聲聲的喊著「我們要開會、我們要進去」；在許多環境運動的抗爭場合，也總能看到她拿著大聲公，堅定而自信的表達對政府財團的質疑。她是彰化縣環境保護聯盟的總幹事施月英。

施月英是彰化鹿港人，家離海岸線不到一公里，學生時代放學總是奔向海邊，看著火紅的太陽落入海裡。「小時候愛跟著媽媽到海邊，媽媽是為了賺錢貼補家用，我是為了娛樂消遣；彰化的海灘地真大，一望無際，總要走一小時以上才會到貝類多的地方，看不見岸邊的建築物，這讓我對海灘地充滿尊敬與敬畏。」她說。

施月英的爸爸是漁民，一家七個孩子都是靠著爸爸討海維生，採捕鹿港最著名高價的蝦蛄，無後顧之憂的長大；小時候施月英也會跟著媽媽到海邊撿貝類、騎腳踏車叫賣，一天就能賺上幾千塊，也因此，施月英覺得政府總說漁民「收入差、生活苦」很荒謬，她說：「海就是我們家的恩人，只要善待她，她就不斷回饋於你。」

她從小就喜歡動物，家裡也養了狗、貓、鳥等等小動物，還有一個小空間種她自己喜歡的花。

「我以前最想要當牧羊人，每天和動物在一起，那是最快樂的。」也因此，嘉義農專畢業之後，施月英就先到牧場擔任畜牧獸醫工作，先後照顧過小羊和小豬，才發現和自己想像的有落差，「費勁心思把不健康、生病的、快死的豬治療照顧好，培養了感情，可是最後牠們都要被抓去屠宰場，我覺得很矛盾啊，這真的是我喜歡的工作嗎？」於是，她離開了牧場，轉職一家生態調查公司。

生態調查公司主要的業務是替開發單位作生態調查，然而出資者是開發單位，所以許多調查報告就必須竄改以符合期待，這讓施月英覺得無法為環境保護作把關。

因緣際會下她到彰化縣環保聯盟工作，有一次接獲民眾電話陳情稻田疑似遭受汙染，她看到灌溉稻米的渠道河水呈現橘色，當地居民反映這樣的情景已經有二十年了，但是不管再怎麼通報環保局也沒有用，就這樣二十年如一日，她非常震驚，怎麼可以忍受有毒的東西繼續汙染，甚至無感地面對環境問題，於是堅定的投入環境保護運動。

在彰化縣環保聯盟將近十年，施月英有一套「抗爭五步驟」的策略。分別是：

一、告知受害者。
二、召開記者會。
三、成立自救會。
四、組織串聯。
五、參與政府會議。

以反國光石化運動來說，首先要做的就是進行資訊的傳遞，比方說發傳單、舉辦地方說明會，讓當地居民知道自己是受害者，明白開發單位的問題。施月英認為只有在各種論述都公平的被看見之下，大家才能判斷自己的利害關係。

第二步是召開記者會。記者會主要是跟隨議題的進展，或是環評會議的前夕，並且盡量配合時事和流行話題表演行動劇，吸引媒體注意。像反國光石化就演過章魚哥、媽祖魚，也把受汙染的魚蝦貝類展示在鏡頭前，要請官員吃吃看。「想這些哏真的很難！」施月英笑說，有時候辛苦的辦了活動、記者會卻沒有什麼記者到場，「壓力真的很大，想說完蛋了，花那麼多錢，只能自我安慰了。」

第三步是讓受害者被看見，成立自救會。施月英舉了一個例子，當時他們出錢邀請將被中科四期影響的漁民北上參加環評會議，在遊覽車上還有許多民眾起鬨說為什麼要幫環保團體，結果一到現場，看到中科三期的居民拿著死魚的照片控訴園區的汙染時，他們態度都轉變了。回來後，這些漁民開始自己出錢，一個人出三千塊，每次都北上參加會議，還很積極找議員、找縣長，讓縣長承諾不把廢水排到家門口。施月英說：「他們真的讓我印象很深刻，所以我覺得訊息的暢通很重要，受害者自發的力量真的很強大。」

第四步是串聯。包括受害者、環保團體和其他的公民團體。施月英說：「現在每個環保團體都有不同的專精，以國光石化來說，就有關注溼地保育的、海洋生態的、環境信託的，大家分工，有會議和記者會的時候大家一起參加，能夠讓受害者有信心。」此外，也可聯繫不同的公民團體，如反國光石化運動時，施月英所任職的彰化縣環保聯盟就是一個平台，聯繫了藝文界的賴和文教基金會和彰化醫界。

參與政府會議並發言是第五步，也是最重要的一步。施月英說：「每一場會議就像打仗。」

事前就必須要做足功課，因為在會議上有許多委員都非常專業，環保團體必須展現同等的專業而不只是感性訴求，這樣才能對話，才能影響會議的進行和委員的評估。施月英指出，地方的重大開發案其實都很難擋掉，會議總是希望越快通過越好，但是「我們越專業就能提出更多的質疑，可以拖延並拉長運動的時間，吸引更多人注意，這也是一種策略。」此外，現場的態度也很重要，一定要爭取錄影錄音，向主席、委員、開發單位施壓。

參與環境運動也必然遇到挫折，在反國光石化運動期間，施月英就曾遭到黑道打電話來恐嚇，要他們「閉嘴」。「我就跟他遊說，他後來聽不下去掛我電話。中科四期有一個養雞戶也說要來我家『拜訪』我，我們提出很多專業的質疑，後來他也不太講了。」

曾經代表綠黨參選立委，施月英說，因為愛自己的家鄉，所以會願意站出來捍衛、保護。面對各大開發案對環境的衝擊，她總是抱著最壞的打算、最樂觀的態度去迎戰。施月英的名片上有一段文字：「我們需要潔淨的水、空氣、土壤，才能健康生存。」她說，環境越來越好就是自己最大的心願。

# 徐世榮

## 我們要去撼動、改變這個體制

許筱珮

回顧徐世榮所接受的學術訓練，除了知識累積，也相當重視社會關懷的實踐，或許就是來自這樣的薰陶，讓他特別關心社會，尤其是跟自己所學相關領域的社會事務。在親身投入社會運動之前，徐世榮曾定期於報章專欄發表文章，也長期經營部落格，提出自己對公共事務的想法與關心。

畢業自政治大學地政學系、地政研究所後，赴美國深造取得政治學碩士、公共政策博士學位，徐世榮累積了十分紮實的學術專業訓練。他的研究範疇屬於法蘭克福學派[1]、後實證主義[2]，主張對公共事務多關心、多討論、多批判；同時認為公共政策與每個個人的主觀、價值、利益攸關，無法切割。公共政策的制定應該是公開透明的過程，讓所有人共同參與，並透過不斷溝通與對話、批判，最後才形成共識，這也與徐世榮參與反土地徵收運動所提出的訴求相呼應。

自一九九五年留學歸國後，他即積極經營部落格發表文章，也曾撰寫報章專欄，提供對於社會事務的關心與看法，特別是土地議題。親身參與社會運動之前，徐世榮定期撰寫文章跟參加學術研討會，偶爾參加一些活動，但近幾年來因為土地徵收事件層出不窮，才轉而積極投入。徐世榮開玩笑的說：「這幾年會積極參加活動，大概是被逼出來的，因為已經看不下去了。」

決定站上街頭，主要緣自二〇〇八年提出、二〇一〇年三讀通過的《農村再生條例》。雖然身為起草委員之一，但後來受政府官員影響，加入具爭議性的條文，與他們當初起草的內容和旨意有相當大的出入，《再生條例》轉而成為變相支持土地炒作的法令。

徐世榮指出，在台灣，公共利益、公共政策都是由少數的行政官僚和所謂的學者專家來幫我們做決定。台灣目前有很多由專家學者組成的委員會機制，例如都市計畫委員會、區域計畫委員會、土地徵收審議委員會等等。然而，學者、專家是否就能保證公平客觀，這點顯然令人存疑，再加上攸關著全體人民利益，自然不應該由少數所謂的「菁英」來幫我們做決定。

近年來浮濫的都市計畫與科學園區興建計畫，打著「開發建設就等於進步」、「提昇生活品質」的旗幟，用容積率與總樓地板面積換算進園區駐廠數目與就業機會。然而四百三十六個都市計畫區容納的人口數遠遠超過實際需求、全台仍有大量閒置工業用地，開發的用意不是因為實質需要，一大原因是為了炒作土地哄抬價格，地方政府與財團便能坐收漁利。過程中，多少人的權益被犧牲、多少不公不義正在上演，弱勢者只能被剝削。

「大概是三年前吧，《農村再生條例》在制訂的時候，我們跟幾位關心台灣農村的年輕朋友，發現台灣的農村、農民其實是被政府所忽視的。」徐世榮指出，台灣經濟發展過程的論調是農業培養工業，工業再回過頭扶植農業，但後者顯然都沒有實現。他先前曾透過內部的管道表達想法，卻都沒有成效。

同時，由於關心農村與《農村再生條例》，徐世榮漸漸開始跟農村有較密切的互動。有時候接獲農村發出的求救信，像大埔、灣寶、新竹二重埔等地的自救會，他們就會提供幫助，例如向居民解釋土地徵收相關法令、讓他們了解自身的權益，同時給予支持，並鼓勵他們站出來發聲。

身為台灣農村陣線成員之一，徐老師在二〇一〇年的七一七凱道遊行、二〇一一年的七一八重返凱道，都盡上一份心力。

在行動的過程中，最讓徐世榮深受感動的是農民的團結，一開始雖然處於弱勢，甚至一聽到法令條文就備感畏懼，到後來形成「一方有難，八方來援」的同盟，共同站出來捍衛自己的土地與權益。另外，許多年輕朋友、學生的熱情奉獻，例如七一七凱道遊行籌備時間不到兩週，也沒有相關經驗，只能靠來自各界的朋友貢獻力量，像場地借用、器材準備、道具製作等等，完成每場活動的籌備。這些過程都讓徐世榮印象深刻。這些朋友仍透過網路維持聯繫，集結的力量也都還在。

為了讓受害者能更了解土地徵收的爭議，並透過法律保障自身的權益，徐世榮到農村進行演講，用較淺顯的方式講解土地徵收相關法令的基本原則與概念，到後來居民也能自行將土地徵收法令基本原則講述出來。在好幾場演講的過程中，徐老師看到居民一點一滴的轉變，也對於自己能夠給予居民實質上的幫助而感動。

參與行動一路走來，徐世榮遇到相當多困難與挑戰。讓他感慨尤深的是，政府在進行科學園區開發、土地徵收時未能基於公共利益進行考量，而政府與相關利益集團力量之龐大、難以撼動，甚至侵害受憲法保障的基本人權；目睹政府進行土地徵收缺乏合法性、必要性，徵收程序也相當不正義，例如官商共謀、運用手段將徵收合理化、操弄居民同意徵收比例等等。參與運動的過程中，這些困難曾讓他大嘆無奈，然而就算無法有立即明顯的效果，徐世榮認為還是還是必須持續努力去抗爭不合理的現狀、去捍衛自己本來就擁有的權利。

徐世榮強調，從巨觀層面來說，台灣的法規、制度其實還沒有基本的變革，似乎還未完全擺脫戒嚴時期那種氛圍，政府仍擁有最大的權力，且未能照顧人民的權益，我們應該要想辦法去撼動、改變這個體制，由全體人民共同定義「公共利益」、共同參與公共政策的制定，照顧到每個個人的權益。

同時，徐世榮也對社會上的進步論述提出質疑，認為並非任何事物都可以用金錢衡量。例如土地徵收將土地視為商品，以金錢衡量，但對居民來說，土地是家園，也是他們的認同歸屬。政府應該保障人權，並把多元價值思維帶進公共政策決策體系。

大學校園應該是進步，全面思考的場域，必須隨時為社會注入活躍的動能，扮演社會改革的驅動力。現行的大學教授評鑑制度變相的把大學教授禁錮在象牙塔裡，關起門來埋首研究，不僅未能承擔社會責任，甚至與社會嚴重脫節；但身為一個學者、大學教授，在求學過程中接受許多來自社會各方的資源，徐世榮堅持除了學術耕耘，也必須走入社會、回饋社會。對抗不合理的土地徵收，知識分子應扮演重要角色，貢獻並實踐所學，去幫助那些相對弱勢的人。

1 以社會批判為理論的核心。主張對現代西方工業社會進行批判和改造，像是消費主義、大眾文化、勞動異化、工具理性等；人類之解放，和反對所有形式管理與控制是其最終關懷。

2 強調人性價值與主觀方法。認為事實無法與價值分離，不同價值取向將影響社會事實之建構；主張研究社會問題時，需採用整體而多元的研究方法。

# 廖本全

## 社會運動是為了讓更多人站出來成為公民

鄭名翔

從一九九〇年的森林保護運動開始，專長台灣環境議題與國土政策規劃的廖本全就經常投身於各個社運場合之中，歷經二十個年頭，從一個懵懂熱情的大學生，到現在成為一頭智慧白髮的學者，廖本全始終用他的方式堅定的守護著這片土地。

之所以會選擇投入土地運動，是因為求學時期的他心中一直有個疑問：「台灣有這麼多人在學土地規劃，但為什麼這片土地、這些城市卻還是這麼糟糕？」這個問題在書本裡找不到答案，於是他選擇投身於運動之中，同時也透過實踐的過程進行自我追尋。也許因為長期跟弱勢的抗爭者相處，他語氣之中少了一份學者的嚴肅，反而帶有更多的真摯情感，他總是說：「雖然環境、土地都是抽象的議題，但其實在本質上還是要回到人的身上。我們都會在乎自己所生活的這片土地，但是土地、森林、河川都不會說話，所以我們更加有責任去認識土地、親近環境，然後為它們發聲。」

長年研究台灣國土規劃的他，指出台灣國土有兩大特色：珍貴及脆弱。台灣雖然地型狹小，但因位於亞熱帶地區並且多高山，宛如是一個地球演化史的博物館，一座小島上集結北半球各個生態環境的縮影。這樣特殊的地理環境，使得台灣的地質相當脆弱，而存在於這片土地上豐富的有機環境，就如同是老天給予這座小島的先天免疫能力，使土地得以抵抗天然災害的侵擾。但是就在近二十年來，人們的貪心帶來無止盡的開發，使得原本就先天不良的土地又面臨後天失調的危機，廖本全說：「我並不反對開發，但我反對的是『不要明天』的開發。」

追根究柢，廖本全認為是國土規劃政策出現了大問題。

國土規劃原意是希望能夠制定一個明確有效的規範，使得台灣土地的使用能依循這套規範進行，讓所有的開發行為能夠依照正規的途徑，創造土地的最大價值。所有開發案都應該先將動機與目的、詳細的成本與利益關係公開透明檢視，其次才是依據不同的土地特質選定適當的開發用地。第三則是進行環評，全面了解開發後對當地環境可能造成的衝擊，當這些程序都一一完成後才來考慮土地徵收。廖本全說：「國土規劃政策就像是一扇扇的大門，所有開發案都應該循著這條路徑通過層層關卡審核，這樣才能確保這片土地能夠永續利用。」但是近年來屢屢看到不當的開發、浮濫徵地所引發的爭議，廖本全語帶無奈的說：「現在這套制度已經淪落成為財團與當權者的工具，隨時都可以為特定權力者大開方便之門。」許多開發案為了能夠取得較便宜的用地，多會跳過應有的審核程序，直接選定農地、海岸地等邊際地區，而政府也早已成為財團的打手，不斷以蠻橫的手段強取人民的土地，像是苗栗的大埔農地、士林的文林苑都是血淋淋的案例。

從小在鄉下長大的廖本全，看到這些年層出不窮的土地爭議，讓他有很深的感慨。因為台灣社會長期奉行經濟至上的思維，誤以為農村的存在跟經濟發展是相互衝突的，因而忽視農村存在的價值，充其量只被作為是鄰近城市的附庸。當城市需要人力時，農村就不斷輸出年輕勞動力，當城市需要土地時，農村裡最珍貴的土地就必須被徵收。也因為主流社會對農村的貶抑，使得他所接觸到許多的農民，經常會感到自卑而不願表達心聲，因此他必須時常扮演一個輔導者的角色，試著讓當地農民體認到在地知識與經驗的重要性，鼓舞他們勇敢站出來爭取自身的權益。「人不應該因為職業、學歷的不同而有高下之別。」廖本全說：「我們都必須要向這片土地學習，因為一個人必須要先了解大自然，才會真正懂得謙卑。」

運動的過程中總是會有許多挫折。令他印象最深刻的是在二〇〇六年，為了中科三期的開發案，廖本全與一大群的老農守在環評會議的會場外頭，當天下著傾盆大雨，即便是穿著雨衣依然全身溼透，最後的結果又是一次令人氣餒的挫敗，雨中的他與其他農民失望到幾乎要流下淚來。但是當他回到家中看到一對幼年的兒女時，這才突然體悟到，原來他現在所努力的一切，不僅只為了爭取當下的勝利，更重要的是為下一個世代保留一個還有希望的未來，這將是一個漫長的過程，但卻是身為父親、身為這個世代的人，所應該肩負起的責任。

現在於國立台北大學不動產與城鄉環境學系任教的他，時常被學生問到：「這些運動有成功過嗎？」面對質疑，廖本全認為，運動的價值本身無法透過簡單的成功失敗二元思維去定義，對抗既有體制本來就是一個艱困的過程，但是人的思維卻不應該是線性的，所有的困難與挑戰都是一種辯證。漫長的運動過程中，他從一個懵懂的學生到現在成為一個站在前線論述、抗爭的教授，對他而言，這一切就是從實踐中不斷辯證所建立出來屬於自己的生命座標。

背負著替環境、土地及未來世代發聲的使命，廖本全這二十年來不斷投身街頭，對他而言，社會運動最重要的目的就是要刺激更多的人站出來成為公民。台灣仍然停留在私民社會的階段，人人都只想守護自己現有的圈圈，不願意站出來關心身旁環境所發生的事情，社會運動的存在就是要不斷提醒人們身為一個公民的責任。特別是對於現在手中握有資源及權力的人們，他們現在多半都已經站在扭轉台灣未來的最好位置，因此更有責任去為台灣的下一代保有一個美好未來。

這就如同廖本全所說的：「不要忘記這個社會曾經給予你的，當你有一天有所成就時，請用你的成就來回饋天、地、及社會。」

# 何欣潔

## 對議題的愛，建立在痛苦上

呂苡榕

十九歲到二十六歲，大學到研究所，七年的時間可以讓一個年輕人從懵懂到成熟，也可以讓一個社會議題的社會關注度跌落谷底又再度找到另一個高峰。二〇一二年剛從台大城鄉所畢業的何欣潔，已陪著樂生療養院議題走了七年——貞德舍遭拆除、捷運機廠工程啟動等，如今舊院區因工程發生走山危機，青年樂生聯盟號召關心樂生議題的民眾重返凱道。

大學念法律系，何欣潔表示自己其實並沒有想太多，只是分數到就填了志願，而軍公教家庭出身的她，原本被期待成為老師。對於自己開始參與社會議題，家裡的人並不特別支持，「每次他們打電話來罵我，我就吵回去，最後冷戰一陣子，家裡又會自己再打電話來。」

談起和家裡的關係，她說家裡給了她很大的安全感，「像聖誕節時，我媽打電話叫我回家過節，我問她為什麼，她說因為聖誕老人要送我禮物。即使這麼大年紀，家裡的人仍然願意很認真地去哄妳。」或許是因為家裡給她的安全感相當足夠，當她看到有人得不到同樣的對待便受不了，也因此才投身社會運動。

談起加入樂生院保留議題的原因，何欣潔笑著說因為當時失戀，對戀愛感到失望，「因此產生一種想要被邊緣力量拉走的慾望。」二〇〇五年暑假，樂生舉辦了一個到舊院區刷油漆的活動，彼時政府部門對於樂生院的態度就是任其破敗不願整理，因此自救會與樂青號召民眾協助維護樂生環境。

「刷油漆的活動上，有人解釋樂生的現況，並且解釋為什麼不願意搬往新大樓、高樓醫療機構對於老年安養的危機等議題。」在這之前，何欣潔並沒有接觸過樂生的相關資訊，這次活動後，樂生陸續又有其他阻擋怪手的行動，何欣潔也開始積極參與。

在抗爭的現場，法律系學生的何欣潔受到特殊的保護，每當衝突發生，其他同伴總會盡量避免她被逮捕，「例如樂青去丟雞蛋，那天活動十七人被逮捕，活動主持人甚至被留在看守所。當時我差點也要被抓走，是其他人把我拉回去。活動結束，被逮捕的同伴其中一人被起訴，緩刑三年。」

何欣潔說，大家會顧慮她未來可能要考公職，萬一留下案底，司法官面試一定被刷下來。另一方面，其他同伴也需要何欣潔協助聯絡律師。「當時自己心裡難免也會害怕，因為一旦被抓等於是放棄了自己的前程，而自己也還不知道，放棄以後該怎麼辦。」

決定拋棄作為法律人的身分，是在二〇〇七年。當時樂生保留議題中有許多律師介入幫忙協商，之後五三〇保留方案[1]出爐。「事後回顧才察覺，其實當時我們可以爭取更多，卻沒有堅持下去。」也在那同時，何欣潔感覺到法律的極限。「法律是用來守護現行價值的，如果法律可以改變現行的制度，那也是因為社會意識已經成熟到某種程度。換句話說，法律維護最大化的正義，而不是弱勢者的正義。」

這也突顯法律作為一個中介角色的特徵。法律作為一個中介的「協調者」，是為了解決糾紛，因此法律說到底是一種折衝的角色，而非堅持到底的角色，當它要維護最大化正義時，就必須讓雙方妥協，但這個妥協從結果來看，卻不一定是最好的決定。在操作上，它也必然是維護強勢者的利益，因此面臨取捨時，法律同樣可以相對殘忍。「而這和我的個性並不相符。」

也因為打算拋棄法律人的身分，當系上同學都在準備考試時，何欣潔卻沒有積極準備任何考試，「參加社會運動後，在生活上與其他同學等於是各自走到兩個平行宇宙……整個人已經邊緣化到了無法再回到既有體制的規訓中。」

法律系畢業後，何欣潔轉往台大城鄉所就讀，「剛上研究所時，心裡相當焦慮，整整一年幾乎不出門，只有在必要時才會出去。那一年自己也遠離了樂生運動，後來才慢慢接受自己，也承認自己不可能逃避樂生，才繼續回到運動中。」

當時的憂鬱來自於自己背離了法律人的主流價值，「畢竟在主流價值中可以得到一種保護，背離之後便失去了這種保護。」另一方面，那一年自己的人生也因為運動而被爆破到整個支離破碎。「在運動中你會被迫面對自己『其實並不是個好人』的真實狀態，被迫認清自己的缺陷，那一年正好相當精確地把這些缺點全部爆破出來。不過在那之後，也可以更誠實的面對自己。」

二〇〇八年樂生療養院內的貞德舍遭到拆除，「對於運動來說等於是一個句號，但是我們硬是要分出下一段繼續寫下去。」走出憂鬱重回運動的何欣潔坦言，之後的走山危機為運動開出另一條戰線，而自己也想要重新面對失落的那一整年，憑著這股「想要贏回來」的意志繼續走下去。

「介入議題是一件非常痛苦的事情，弱勢者往往也是最卑劣的，他的卑劣來自於外在的壓迫。也因為如此，運動中的人際關係經常令人感到痛苦……但是你得要思考清楚：出自對這個議題的愛，願意扭曲自己到什麼程度？讓彼此至少都能夠感到舒服。」回頭看著這幾年的經歷，何欣潔表示：「這樣的愛其實是建立在痛苦之上，而在明白這些以後，還願意坦然的愛著這一切，那才是真正的愛。」

原刊於《台灣立報》

1 二〇〇七年，樂生保留引發社會關注，樂生保留自救會提出保留百分之九十的方案，但捷運局認為不可行；當時前行政院長蘇貞昌責成公共工程委員會協調樂生可能保留方案，最後做出「保留四十棟、拆遷重組九棟」的五三〇保留方案。

# 大暴龍

## 是記錄者，也應當是參與者

許筱珮

二〇一〇年六月，苗栗大埔爆發怪手毀田事件，大暴龍協助將居民拍攝的毀田過程影片剪輯上傳，充滿衝突性的影片上傳至PeoPo公民新聞平台後，經過網友不斷轉發流傳，台灣農村陣線也協助傳遞相關資料，愈來愈多人關注這件事，各地遭受徵收之苦的自救會出來聲援，在農陣協助下進而集結，催生了凱道抗議行動。

大暴龍說：「公民記者除了是記錄者，也可以是一個參與者。記錄時必須秉持記者『記錄』的原則，如實呈現雙方聲音，並深入了解、記錄。然而，『公民』的身分也相當重要，記錄的同時也可以參與，捍衛自己關心的事物。」

公民記者大暴龍通常在白天進行採訪與拍攝，下午、晚上則用來剪輯影片，一至兩天產製一則新聞。原本身為普通上班族的他，雖然關心社會事件，卻因為上班而沒有多餘心力跟時間去了解或參與；同時，他發現媒體在報導議題的呈現方式都有一些問題，卻因為不曾接觸過媒體識讀[1]，無法明確指出哪些問體以及對閱聽人造成的影響。

二〇〇七年，台灣媒體觀察教育基金會在社區大學舉辦媒體識讀課程，身為家長的大暴龍，受到「別讓媒體綁架你的孩子」主題的吸引，接觸了第一次的媒體識讀教育，也因之進一步了解媒體相關問題。第二個學期「做個獨立特派員」，則是進一步學習如何自己做媒體，並將成品上傳至PeoPo平台。大暴龍在課程結束之後，仍持續關心生活周遭事物，拍攝並記錄，開啟了公民記者的生涯，後來更辭去原本的工作，成為全職的公民記者。

要從哪裡開始記錄、選擇哪些主題，是大暴龍甫成為全職公民記者最困難，卻也是最重要的課題。一開始他從自己生活的社區開始，關心、發掘周遭事物，以自己的方式記錄，例如社區附近的護樹運動等。再慢慢將關心觸角延伸至較大、影響層面較廣的事情，並慢慢擴大地域性。

公民記者該如何取得消息來源呢？大暴龍表示，除了當地居民之外，也會接觸到其他關心此議題的人，慢慢延伸人脈，並藉此接觸更多公共議題。「其實不怕沒有紀錄的題材，而是心力不足，無法每件事都去了解跟記錄。」大暴龍偏向選擇缺乏主流媒體關注的議題，這類議題更需要公民記者投入，以大埔土地徵收事件為例，在怪手毀田事件發生之前，主流媒體很少或多是以政府、財團角度報導。大暴龍因緣際會接觸到北上陳情的民眾，後來更隨著陳情民眾回到苗栗現場，深入了解並持續進行記錄。大暴龍常常說自己是獨家，因為「所關注的議題大多沒有其他記者想去做……」。

大暴龍透過公民記者聚會，互相交流傳遞訊息，進而結識報導大埔土地徵收爭議的公民記者，報導過程中也因此與當地自救會成員有所連結。二〇〇九年大埔自救會北上陳情抗議時，該公民記者因故無法到現場，改請大暴龍至行政院營建署協助記錄，藉此次機緣大暴龍接觸大埔自救會成員，隔一週隨自救會成員至苗栗大埔，開始投入了大埔農地徵收的記錄與拍攝。二〇一〇年縣政府進行科學園區動工時，相關紀錄與報導仍只有少數人關注，主流媒體更是鮮少報導。六月爆發怪手毀田事件，大暴龍協助將居民所拍攝毀田過程的影片剪輯上傳，因而愈來愈多人關注這件事。

大埔農地遭怪手強行駛入毀壞稻作，主流媒體並未重視。反觀網路消息傳布快速，引發許多人關心，並促成各地的自救會團結。公民記者在此扮演重要角色，若沒有人報導，或許就不會有大埔事件。大暴龍期許有更多人投入公民記者，讓更多公共議題被看見、被重視。

身為公民記者，除了記錄，參與也很重要。如大暴龍一直關注的護樹運動，不僅僅是報導題材，更是他想盡全力捍衛的正義。然而，如何平衡兩個角色，是大暴龍長久以來的功課。公民記者生涯以來，他遇過許多困難與挑戰，其一是因為未經專業記者訓練，採訪、報導都必須靠自學；其二，公民記者的身分可能不被受訪對象或政府機關認同，因此採訪受阻，如被立法院以非正式記者為由拒於門外。大暴龍感嘆，公民記者的身分與認知，必須由公民記者自己去衝撞與突破。

除了對公民記者身分的衝撞，令大暴龍大感挫折的是二〇一〇年下旬護樹運動的失敗。當時台北縣政府計畫將位於板橋的石雕公園改建為派出所，因此必須把公園的樹移走。實際動工後，附近居民發現其實是砍樹而非移樹，對於政府即將剷平承載居民回憶與生活點滴的公園，感到相當不滿，發起陳情抗議以及連署，向縣政府、監察院等機關表達訴求。然而陳情與連署並未獲得任何正面回應，抗議行動也屢屢受阻，直到當年年底五都選舉投票前夕，為了選票考量，政府才「接受」民眾陳情，「暫停」砍樹作業。然而，選舉一結束又繼續砍樹，甚至利用台北縣升格新北市，地方政府交接之際將剩餘樹木砍伐殆盡，逃避民眾究責。同時進行記錄並參與護樹運動的大暴龍，對於這樣的情況感到既荒謬又無奈。他也觀察到台灣社會根深蒂固的藍綠情結——投票是政治立場的「選邊站」，依自身藍綠偏好支持或反對某些政府官員。以板橋石雕公園砍樹事件來看，決策砍樹的官員竟能在選舉中獲得連任，民主投票「選賢與能」的功能似乎已消失。

大暴龍因接觸社區大學媒體識讀課程而成為公民記者，現在也在社區大學開課，希望能找更多人一起來當公民記者。媒體識讀與影像紀錄是一種工具，吸引大家學習，進而對生活周遭產生關心；藉由外拍實地接觸事件現場，深入了解議題。

大暴龍與公視《獨立特派員》或《我們的島》等節目保持著一定程度的合作關係，若曾報導過相關主題，會提供節目資料，同時也藉由大眾傳播的管道，將議題擴散出去。

他一直有個構想，希望能加強公民記者之間的連結，甚至發展出類似「派線」的機制，串聯分布各地的公民記者，進行有效率的分工。然而，這個構想在實踐上仍有所困難，例如不一定每位公民記者都能進行長期報導，每個人關注的議題也不同，不太可能各區都有公民記者等。雖然距離理想的串聯狀態還有段距離，但就現今來說，公民記者之間均已有一定交流，可以慢慢發展。

除了持續關心記錄生活周遭的事物，大暴龍也著手進行公民記者生活的記錄。在台灣，愈來愈多人投入公民記者的行列，每次採訪報導時也會結識不少公民記者，大暴龍因為好奇這些人的故事與生活，而開始記錄公民記者的生活以及投入公民記者的契機、原因與工作情形——報導者成為被報導者，他們的獨特故事也因此在台灣新世紀社會運動中留下紀錄。

1 使用、理解與製造媒體訊息之能力。

# 吳松霖

## 地方若沒有自己的公民力量，只能被欺負

羅真

幾個懷抱創造理想農業經濟的年輕人，畢業後踏上雲林農村土地，卻發現土壤與水質在六輕工業排放物長期汙染下變得不堪使用。不能使用的土地要如何談發展？現實告訴他們，除非先解決汙染問題，不然不可能在農村構築理想。於是，幾個年輕人開始關心六輕進駐後的各種問題，並透過發行《自從六輕來了》電子報，以及在各村舉辦說明會等方式，進行一連串的草根組織工作。其中一位成員身材瘦高、膚色黝黑、雙眼專注有神，令人印象深刻的是，他總是面帶微笑、並讓人感到十分誠懇——他是電子報總編輯吳松霖。

訪談的地點是吳松霖平日的生活與行動基地，這是一間占地不大的低矮平房，包括工作區、簡單的小廚房以及團隊三人起居的臥房，所有的工作都在此展開。在地組織，是社會運動

中最重要也是最困難的工作，花費的時間長，投入的精力多，成效卻要耐心等待。吳松霖並非一開始就知道自己想走這樣的道路。

大學時代，一次與社運前輩蔡健仁的課餘對談後，吳松霖開始思考自己從未思考過的問題，也開始跑社會議題營隊、參與社會運動，接觸到反戰、性別、勞工、九二一災後重建、反水庫等議題，這些經歷大大開啟他的視野，並激發出從未有過的熱血。「我們一到寒暑假就辦幹部訓練，然後花一個禮拜或一個月的時間去一個地方訪調，主題有九二一災後重建、美濃反水庫運動，也有到原住民部落瞭解種植高麗菜的過程如何被剝削。這是我從小到大最有生命力的一段時間。」

然而，面臨人生階段的轉換時，吳松霖也曾感到徬徨。畢業後，吳松霖曾在廣告公司與美語補習班任職。然而，廣告公司的勞動剝削型態或是補習班不斷複製的填鴨教育模式，都不是吳松霖願意長久投入的工作。

於是，吳松霖再度與過往參與社運的朋友聯繫，共同討論出建立農業合作社的構想。大學時候到原住民部落與各個農村訪調時的累積，似乎在這個時候為他做好下一步路的準備。

吳松霖認為，台灣的經濟發展依賴外銷，外銷產業須與國際競爭，當人力與資源條件不如他國，便可能回頭靠剝削勞動力或剝削環境以壓低成本來競爭；同時，需求仰賴於別人，並非有穩定內需。在如此的產業結構型態中，爭取勞動權益的空間便十分有限，因此，台灣的經濟迫切需要轉型。但，轉型要轉向何處？吳松霖指出，農業其實有高度產值、可以創造多元的在地經濟，譬如有機的農業製材、農業器具、相關技術與研究，農業廢棄物可以發展綠能，農村也可以發展自己建築，而周邊的便當店、飲料店也能同時發展起來。因此，這是一個龐大的、新的社會想像。

然而，當前農民的利潤多半遭盤商剝削。為了解決這個問題，吳松霖與朋友來到雲林後，首先作起社會調查，並且透過朋友找到一些願意收購有機農產品的便當店，期望讓農人覺得有銷路、進一步願意參與合作。未料在這個過程中發現，若不先解決在地汙染問題，後續發展很難再談下去。

吳松霖與朋友開始認識六輕議題，訪問學者專家，並決定發行電子報報導議題，也作教育宣傳。電子報在網路上發行頻繁，但許多在地居民並未使用網路，因此吳松霖也會不定期文章印成紙本刊物，騎著摩托車挨家挨戶發。

他們同時推展「客廳放映會」，透過人際介紹慢慢走入在地人家，與居民共同邊吃午飯邊用電腦看影片。「我們會播剪好一些新聞畫面，像是毒石灰議題，告訴民眾你們家隔壁的東西就跟新聞中那一堆是一樣的，然後我們一起討論要怎麼辦。這個放映環境是大家最放鬆的時候，因為彼此熟悉，最能暢所欲言。」吳松霖認為，許多大型活動能達到的成效有限，常常只能讓群眾感到驚恐，卻沒有後續的凝聚行動。因此，他希望紮實建立地方組織，「客廳放映會」就是在這樣的考量下產生的。

客廳放映會的參與者再往外聯繫，便能找到新的放映家庭與新的志工。志工平日協助發放紙本刊物，或對負責的固定對象去作宣傳教育；舉辦各村說明會時，也協助每人要找多少數目的人來參與。後來的公投與演講活動，也逐漸有一些積極的民眾加入。目前在麥寮，答應協助的志工已近百位，許多志工也會參與平日開會。吳松霖說，志工系統的建立其實就是一種在地的組織。

在地組織的過程並非總是順遂。一位阿姨曾經信誓旦旦說出「我寧願子彈打在我身上，我也不要有毒的東西讓我孫子喝」，但卻在與村長會面後被說服，反而認為多管閒事對自己沒好處，管了也不會有用。這讓吳松霖感到十分挫折。

吳松霖仔細回想，「其實我去跟大家講這些事的時候，大家都非常在意，可是大家不敢出來。而大家之所以不敢出來是因為看不到其他人——他跟我講他很在意，另個他跟我講他很在意，另個他也跟我講他很在意，可是他們不知道他們之間串聯起的力量是很大的。他們看不到彼此，可是我看得到。」所以吳松霖堅持繼續辦說明會，繼續發傳單。

吳松霖曾發傳單給一群養鴨年輕人，但被這群人斥責發傳單的方式很愚蠢，一句「你跟我來！」就把他帶到一個鴨糞味很重的鴨寮。起初吳松霖感到有些害怕，但到了鴨寮後，看到一群年輕人在那邊開會，他才明白這群人長期擔心他們的鴨變成戴奧辛鴨，但不知該如何是好。這群人長期觀察吳松霖，想知道這個年輕人是做真的還是假的、背後是否有他人操弄，直到那天才進一步與吳松霖接觸。

會議依舊難有結論。因為聽到縣議員的名字會害怕、擔心會被點名，因此大家仍對於說明會的舉辦沒有信心。一次，一位阿姨突然介入並以一連串髒話破口大罵，強調辦這種活動不會有用，使得現場氣氛相當不愉快，但與此同時，這位阿姨卻突然掏出兩千元丟在桌上，大聲說道「我就出這兩千！辦活動要嘛就要煮東西給大家吃，這樣大家才會來！」一下子，桌子馬上堆滿鈔票，圍觀的叔叔伯伯紛紛拿出錢放在桌上，「瞬間，我的眼淚也掉下來了。」吳松霖深刻感受到每一個人都在意，但內心各種情緒很矛盾。

那次看似爭鋒相對、群眾卻同時看見彼此都在意同一件事的情景，順利辦成第一次也是最熱鬧的說明會，而說明會也接連在隔壁幾村辦起來了。幾場說明會後，也開始跟麥寮農會有較多合作機會，共同辦過的說明會就有十七場。

吳松霖認為，汙染不分派系，當握有選票的人在意汙染、並且要求有政治上的解決，此時各黨各派都必須提出政策跟想法。當初決定要在麥寮進行禁燒公投時，也曾經想過是否沒用，不過實際上，在選舉熱戰期間、一票也不能少的關鍵時刻所進行的公投，使得候選人紛紛到場表態支持。如今，禁燒已然成為檯面上的政策。雲林縣長李進勇更曾經找了六縣市首長宣示禁燒。漸漸地，有許多居民看到報章新聞上有什麼消息，會打電話告知吳松霖，或是為他加油。由此，吳松霖希望在選舉期間能結合更多選民教育或舉辦相關議題的政見會，透過候選人的發言、承諾，讓選民投票有更具體的依據。長期而言，他期望未來能成立一個全雲林的協會，每個鄉鎮市都至少有一位會員，形成對公共政策、法規修改等的一股公民政治力量。

問及組織運作的資金來源，吳松霖面露困窘地說，團隊成員多使用自己的積蓄，在雲林數年下來，已經花得差不多了。「最初曾經向學者教授募款，也有跟雲林縣政府跟一些單位申請經費。但後來，我們覺得這樣的經濟方式違背了我們的目標。社會的問題不能透過一群少數人倡議作政策改變——少部分的人把國光石化趕走了，但是大城鄉仍張手歡迎下一個高汙染產業進駐，彰南工業區要進去，環保署也要把有毒廢棄物放在彰化海岸，而當地居民對此無知、無感或是無力。地方若沒有自己的公民力量，只能被欺負。公民社會體制須要轉變，也因此我們期望經費來自於公民、來自於在地居民，因為這是大家共同的事。」

運動過程的困境也包含許多個人的調整轉換。大學期間參與學生社團即便認真，總有失敗了也不會怎麼樣的心態，然而現在必須自己主導場子，各種形式變化瞬息，需要培養各種能力應對，如文字能力、表達能力、戰略分析、辦事效率、人際互動等。為了反省行動路線，每次活動後，團隊會進行一次反省總結，其中也包含對個人盲點的檢討。雖然期望團隊內部有話直言，但吳松霖也坦言，接納他人的批評是困難的，每一次蛻變的過程都很煎熬。

面對運動中起起伏伏的各種態勢、挫折，面對來自團隊外部、內部的壓力，以及家人的擔心與期望，吳松霖持續投入耕耘的動力從何而來？

「這個事做了就要一直做下去，這是一條我覺得可以去實踐的路，這真的是我要的人生。理想是有在接近中的，越來越看得到希望，且收穫還滿讓人意外的。在每次痛哭之後的反省中，會發現收穫很多。要是沒有來做這些事，我不知道自己有這麼多的潛力；要是沒有來到這邊，我不知道社會有這麼多的可能，社會原來是長這個樣子，政治原來是長這個樣子。認識的人與支持的人越來越多，動力也越來越多。」

# 陳秀蓮

## 光靠愛不能改變世界，憤怒才能

陳淑敏

在近年的勞工運動中，不論是移工大遊行、關廠工人臥軌、國道收費員爬ＥＴＣ抗議，鏡頭上激烈衝突的社運抗爭現場，都可以看見一名短髮清瘦的女子，總是站在工人們前面，聲嘶力竭地喊出底層勞工的訴求與憤怒。甚至在激烈肢體衝突的時刻，她也是勇於衝第一線，帶領工人用肉身撞向堅硬的體制。她是「台灣國際勞工協會」（ＴＩＷＡ，Taiwan International Workers Association）政策部研究員，陳秀蓮。

詢問她為何會選擇站在雞蛋的這一邊，捍衛勞工運動的道路？她率直簡單地直言：「可能我就是個脾氣不好的人！看到一些不公不義的事情就會犽（台語『抓狂』之意）起來無法忍受。」

「我們就是肖婆吧！」她灑脱且不顧旁人觀感地説著。很難以想像一名女子帶著一群工人阿公阿嬤，邁步在看不見盡頭的抗爭路上，是什麼逼著她們不顧一切，一而再再而三地衝上街頭，持續用肉身挑戰體制，堅持奪回屬於工人的基本尊嚴？

大學念文化新聞系，原本希望成為勇於揭露真相的記者，以筆揭弊，卻在求學過程中，慢慢認清主流媒體早已淪陷，成為政府財團的化妝師，她逐漸對新聞媒體業感到失望。當時周遭同學們紛紛以主流媒體為志向，陳秀蓮卻反其道而行，改投身社會運動。

第一次的社運啟蒙在「聲援楊儒門事件」，當時媒體紛紛以「白米炸彈客」形容楊儒門，認為他就是意圖製造恐怖攻擊形成大眾恐慌，卻對楊儒門反WTO，聲援農民生計的訴求隻字不提。而楊儒門的自首投案，也被警方扭曲稱為警方逮捕楊儒門。

投入社運的過程中，陳秀蓮不時要面對大學同學們的質疑：「為何不能從體制內改變？不是凡事都要走上街頭激烈抗爭吧？」而年輕的她彷彿早已看穿國家機器的冥頑不靈，人民的權力從來都不是從天上掉下來，等政府主動施捨。有一次她找了一位同學跟他進法院旁聽楊儒門的審判過程，在法庭審判主導的過程中，同學也才親眼見證人民訴求的渺小，終究穿透不過僵硬的國家機器，得不到任何回音。

受到社運的啟蒙，陳秀蓮研究所轉而就讀世新社會發展所，開始投入移工相關研究，二〇〇七年加入TIWA志工團隊，並在二〇〇八年正式加入TIWA，成為NGO工作者，在TIWA服務至今已邁入第八個年頭。而從幫外籍移工爭權到幫本地勞工抗爭，這一段轉折經歷，對陳秀蓮本身也產生了深刻的體悟與轉變。

外籍移工與本地勞工的運動，最大的不同在於：移工受限於外籍勞工的法令限制，絕對不能從事激烈的非法抗爭，一旦涉及非法活動，將被遣送回國，且移工的親人又遠在他鄉，亟需他們的經濟來源。所以移工運動，通常須透過合法申請遊行，且在理性和平的狀態下表達訴求，鮮少有激烈的抗爭行動。

倘若移工要進行激烈抗爭，反而更容易引起大眾的反感，有的時候他們想要的不過是最最基本的權益而已。例如在齋戒節，可以有一個聚集慶祝的場合，但若是他們聚集在像北車或公園這樣的公眾場合，卻又要被放大檢視，認為是不當的。

「我覺得外勞有些時候不是不可以。但他跟官方激烈衝突可能會有反效果，因為你觀察一些外勞，大家只是坐在台北車站過開齋節就會被拉紅絨欄桿。如果外勞說我們也需要休息就會被罵，你休息什麼？你覺得台灣太累就回去啊？所以不管任何議題，當移工從受害者變身成爭取自己權益的角色，只要稍微激烈，後座力很大，跟台灣工人很不一樣。」陳秀蓮說。

從移工的和平大遊行到本地勞工運動的激烈抗爭，投身「全國關廠工人連線」是一個重要的轉捩點。由於陳秀蓮過往沒有深入參與過本勞抗爭的經驗，而二〇一二年時吳永毅當時也是TIWA的同事，她便主動跟吳永毅提及可以一起加入「關廠工人」的組織活動，也才第一次踏上本地勞工的抗爭運動。

陳秀蓮回想當時吳永毅一開始時說：「這個簡單啦！開個兩次記者會就好了！」沒想到全

國關廠工人連線抗爭將近兩年，還不得不走上臥軌的激烈手段，最後在二〇一四年三月七日，法院判定勞動部過了追訴期敗訴，關廠工人們才真正獲得最後遲來的勝利。

跟著關廠工人的阿公阿嬤抗爭，陳秀蓮也度過了許多難忘的魔幻時刻，在臥軌過程被警察強制驅離的時候，十幾個老工人團團包圍著她，保護她不被警察抬走；二〇一四年關廠工人勝訴後，得知勞動部臨時要開記者會，擔心勞動部想繼續上訴，陳秀蓮緊急動員大家一人帶兩顆雞蛋，左右口袋各放一顆，搶先在勞動部開記者會之前，衝到現場痛罵勞動部，重申關廠工人訴求。沒想到最後勞動部聲明全面撤告，她與老工人們不敢置信，站在勞動部外全傻了，下一秒大家抱著已過世的工人遺照嚎啕大哭，哭成一團。

經歷過外籍移工、本地勞工，大大小小的抗爭戰役，她深有感觸地說：「我們搞運動其實是要進入到工人群體真正的生活，理解工人的真實處境。」所謂的搞社運、搞工運，絕對不只是電視上看到的「開記者會陳情」、街頭上的「衝突衝撞」、拿著麥克風喊喊口號那麼簡單，街頭上的行動只是突顯議題被大眾看到的冰山一角而已，真正困難且重要的，是行動背後運作的組織過程，如何集結工人們，將他們組織起來，一同面對當下的困境、擬出抗爭訴求、行動對策，有的時候更要陪伴工人們去面對自身的矛盾衝突。例如某些關廠工人必須面對家人對於抗爭的不諒解，有些人的婆婆、老公被視做借貸保人，甚至全家人都收到勞動部催討的「支付命令」，對於一般老百姓來說，認為賠錢了事不就好了，不解為何要激烈抗爭。面臨這樣的家庭衝突，組織者就必須跟著工人進入他的家庭，不斷地溝通說明，讓雙方都能理解關廠工人的抗爭意義。

國道收費員的組織過程更是複雜許多，收費員遍布全台，成員多元且龐大，一開始他們必須每天都開車南下北上，進行全國國道收費員的集結串連；而收費員之中有年輕的、資深的，每個人的年資差距相當大，年資少的只想找到好工作安置，年資長的便是要求補足年資；面對每一個不同年紀、不同處境的收費員、不同的訴求差異，更要格外花費更多心力去溝通與調解，讓大家體認到，唯有團結起來一起抗爭，才有機會爭取到各自的權益。

這些都是在上街抗爭之前，運動者真正需要花更多力氣，不斷溝通、協調與組織的一個重要過程。

「我們都不斷地在過程中面對這樣的衝突，作為一個運動者，你當然希望權力是百分百，你當然不希望工人去妥協，可是實際上你就不是工人，因為你不是那被告的人，那些被告的人或是被欠加班費的人，他們所想的所思考的跟你就是不一樣。」陳秀蓮沉重說道。

抗爭要面對的不只是雇主、財團與政府，更多時候是在努力跟這個健忘的社會溝通，如何打破一味追隨資本主義的主流價值觀。

「我覺得我們常會被批評一些很奇怪的，例如說你們這些人出來搞運動以後是不是要出來選舉，或是說你們這些人幫外勞做事就是要跟外勞拿錢，很多仲介就會這樣放話，說ＴＩＷＡ幫外勞申訴是為了跟外勞收錢，可是實際上我們一毛錢都沒收過。」她說。

目前主流媒體以及社會大眾仍然對國道收費員抗爭抱持不友善的態度，認為一年一聘的收費員本來就該有自覺，若被資遣，自己應該去找新的工作，沒有理由追著交通部及遠通抗爭。顯示了一般社會大眾仍然沒有身為勞工爭權的自覺，且一再接受政府財團粉飾的片面說法。

最後問陳秀蓮，到底是什麼支持她度過一次又一次看不到結果的抗爭？

「憤怒與樂觀。」她回答。

每一場抗爭都是看不到未來，看不到結果。倒下之後，又要再重新開始積累下一次的能量。因為他們是真正被逼到生存絕境的人們，真正地走投無路。也唯有「肖婆」式的「憤怒與樂觀」，才能讓他們拍掉今日跌倒的塵土，咬緊牙關，重新走上明日的街頭。

# 杜光宇

## 我反對你，可是維護你說話的權利

盧美靜

杜光宇在台灣大變動的時代進入大學，那時候的「六四天安門事件」、解嚴、解報禁、民進黨創立等事件，讓年輕人對未來及台灣民主化充滿盼望和希望。在杜光宇重考大學那一年，台灣發生了「鄭南榕自焚事件」[1]，帶給他很大的震撼。由於杜光宇的父親是警察，沒收了一些鄭南榕的紀念專輯，他看了相關事物以後，開始思考：「為什麼這個台大哲學系的學長願意用生命實踐這個理念？」

隨後，大一的杜光宇在投入中正紀念堂的「三月學運」[2]後發現，這些運動背後隱藏許多政治力量及操控，已非單純年輕人天真的理想。這些運動所宣揚由下而上的民主常常是不真實的，不論是國民黨或民進黨。這讓杜光宇有相當大的挫折感，也因此有了心得——台灣如果要徹底民主化，基層的公民素養很重要，必須從基層去實踐。學運之後，杜光宇轉向投入到宿舍的議題，希望從身邊開始鼓勵同學參與公共實踐。

杜光宇原本是台大土木系，後來轉入人類學系，他趁寒暑假到原住民部落教小孩讀書，意識到嚴重的社會階級問題。杜光宇的家境，讓他從來沒有注意過這樣的問題。他看到原住民生活品質貧乏，小孩常因為家裡的工作而無法持續上課，於是思考：「與其要教他們讀什麼，不如先讓他們有這個條件可以坐下來上課。」

杜光宇認為台灣最重要的問題可能不是民主化，而是兩個難題：第一個是民眾不關心公共議題的參與；第二個就是階級問題。

為此，杜光宇認為若想協助他們、要改善自己發現的這些問題，就應該從工會、階級這類的方向著手，杜光宇開始到台灣勞工陣線當義工，並參與工會的組織和相關運動。在投入以後他發現工會組織的很多問題，顯示出台灣工會界基層組織的腐化，主因來自國民黨專政時期遺留下來的風氣。

杜光宇曾經從報章看到曾茂興（一九四二—二〇〇七，台灣勞工運動人士）帶女工臥軌的新聞，這個事件讓他覺得此人是台灣真英雄；也在機緣巧合下，杜光宇到桃園協助曾文生（曾茂興之子），從此便和桃園的工會結下不解之緣。經過一些年持續的努力，桃園縣產業總工會終於在民國九十四年年底籌組完成，由他擔任祕書，洋華光電產業工會事件也是他於這時期接觸到的案件。這是杜光宇投入工會運動年表裡較為重要的階段——終於有一個家、有一個地方可以好好做想要做的事情，推動一些階級運動或基層人民素質的改變。他指出，發現問題的時候有三個選擇——不反抗、反抗或是改變；而他自己正在做的這些事情，並非因為它是所謂的「運動」，這些行動只是一種選擇解決問題的方式。

杜光宇表示：「我的轉折、我的個性，其實思路是很清楚的。我會有一個想法去跟著它走，那不是誤打誤撞，不是自我合理化，我的確是因為有完整的想法而去投入這個東西。」不過杜光宇也有經濟及親情的顧慮。經濟不足的部分，杜光宇願意為理想過簡單生活，放棄物質享受；而家庭方面，杜光宇的父親基本上反對他正在做的事，但尊重及維護孩子的權利，就像杜光宇常說的：「我雖然反對你的話，可是我維護你說話的權利。」

對於改革，杜光宇指出：「任何改革沒有伴隨著文化運動，以及公民素質改變的話，改革一定會失敗。」一些殖民地在獨立自主的過程中，最後的結果常是拿槍互相掃射，並不會因為有了民選總統、建了機場、馬路，就變成一個民主社會。台灣最大的問題在於政策沒有一致性，許多事情以利益為考量，而不是以現實或長遠計畫為目標，以台灣的經濟模式發展來探究類似的危險性，就可以理解為什麼台灣會有代工業。由於台灣人的不安定性很高，因此資方只會考慮既有利益，不太顧及國家未來的規劃及發展，科技代工產業將此想法完全展現——把人當做工具，計算著如何以最快的速度使用「人」之後，扔掉再「買」新的，力求在最短時間獲取最大利益。

杜光宇說，台灣年輕人還沒有認清知識分子的責任，他期待知識分子能像以前韓國學運的年輕人一樣，願意放下學歷、身段當工人，去基層做社區工作。「整個社會結構是環環相扣的，我們需要從基層去改變許多問題。」

目前，杜光宇在桃園縣群眾服務協會服務，處理勞資爭議、職業訓練，希望作為一個樞紐協助解決工人問題，繼續致力於推動台灣工會的轉型；更期待台灣勞工看見自己在社會的多重身分，不僅專注工作，還願意參與更多社會性事務。

1 《自由時代週刊》發行人鄭南榕於一九八八年十二月十日刊出許世楷所起草的〈臺灣共和國憲法草案〉，被高檢署以涉嫌叛亂偵辦。一九八九年四月七日，當警方欲強行拘提之際，鄭南榕投擲汽油彈自焚。

2 又稱野百合學運，一九九〇年三月，時值總統大選，將近六千名台灣南北各地的大學生，提出「解散國民大會」、「廢除臨時條款」、「召開國是會議」，以及「政經改革時間表」等四大訴求。其後不久，李登輝總統召開國是會議，於一九九一年廢除《動員戡亂時期臨時條款》，結束萬年國會。

# 江一豪

## 帶人家出來抗爭，你要負責任

李怡瑩

江一豪，一個中央大學中文系畢業、三十多歲的青年，毅然決然的辭去記者工作，當起搬家工人，而同時，他另外的身分是《苦勞網》的無給職特約記者與三鶯部落自救會顧問。

問起為何投入搬家工人的工作？其中的轉變起因於二〇〇五年在《苦勞網》當記者，經歷東菱電子關廠[1]的抗爭，當時花了約半年的時間採訪抗爭工人，並以攝影集和文章聲援他們。然而，在這採訪的過程中，江一豪發現記者的身分與受訪者之間存在著距離，記者不斷接觸不同議題，沒有時間深入了解所關心的族群，因此江一豪決定投身於他所關心對象的行業裡——藍領工人。藉由成為他們的一份子，以克服對勞工族群的不了解。當然，其中也顧慮到了現實層面的問題，《苦勞網》是無給職的工作，因此工人這份職業也能解決自己的經濟問題。

由於個人經驗，江一豪十分關心居住議題。整體社會結構使土地利用方式受到資本邏輯操作，而三鶯部落正是一個立即可見的案例。與三鶯部落的接觸過程，起初是以記者的身分去採訪，但即使寫了再多的報導甚或是入圍新聞獎，三鶯部落的命運也沒有因此而改變。這讓江一豪體會到部落必須組織起來抗爭，故嘗試站在群眾最前線。當時為了三鶯部落的抗爭請教了人民民主陣線負責人鄭村棋，他的一句話深深影響了江一豪——「你帶人家出來抗爭，你要負責任。」因為這句話，支持他一路走到現在。

抗爭初期，三鶯的族人並不是非常信任江一豪，即便導演侯孝賢在凱道為三鶯部落居民落髮請命，贏得了社會關注，也辦了第一屆的抗爭尾牙，但部落仍處於低迷的氣氛中，生活依舊沒水沒電，未來也看不到保障，更曾連續三週在原本預定的開會時間卻無人參與。江一豪原以為抗爭就只是走上街頭，但此時才真正體認到，部落的組織工作才是更重要的。

身為漢人，加入一個原住民組織並與他們一同抗爭是需要很長的磨合時期，從起初的不信任到慢慢熟悉，從一個聲援者到帶頭抗爭，其中並無什麼特別的要領，就是親力去做，舉凡寫新聞稿、搬運石頭到帶頭落髮，一步一步建立信任關係並成為了朋友。

江一豪認為一個社會改革運動最基本的方式，便是設法使議題讓社會大眾知道，透過行動劇、遊行或是直接躺在怪手前面把議題帶出，這一場仗打完便前往下一個抗爭。但這之中還有另外一種更緊密的關係，即是與聲援的對象產生緊密的連結，希望跟群眾有更多的互動，把議題往社區扎根。在三鶯部落中，大多數族人江一豪都叫得出名字，一起同甘共苦，甚至做得比他們更多，長時間的互動，讓族人慢慢信任且也願意改變，而在這個過程中他也有了改變。

每週從台北騎機車到鶯歌，這四年多對三鶯部落的付出都是義務的。曾經在不同時間點想要離開，因為身體與精神上都太過消耗，但想起那句「要對他們負責」，又一直堅持到現在。在顧問這個身分滿四年時，他決定不再使用這個身分，希望族人能夠自己組織起來，不再依賴他人。

江一豪說，其實群眾並不會百分之百的聽話，他們有自己的判斷，這個「依賴」指的是：「反正最後如果遇到什麼事情，顧問會去做！」這樣的依賴讓彼此的進步受限，因此族人必須學著內部的管理運作，哪怕犯錯都好，學著到第一線承擔責任，在這樣的過程中一定也會學習到更多。江一豪卸下顧問這個身分後，也將更能專心處理三鶯部落重建的事務。

三鶯部落那些優秀的幹部本來就有這些自治的能力，可是過去沒有機會讓他們展現，透過這次的抗爭讓原有的能力有機會施展。組織者僅是提供一個機會，讓所謂的弱勢與基層在固有結構下無法實現的想法、無法實踐的理念，得到在這個群體裡展現的機會，組織者改變的只是一個空間、一個機會，還有助人重新看待自己的方式。

江一豪覺得最困難的是：「我們真的能夠改變人嗎？」他也無奈的表示，這些土地抗爭的運動對於整個台灣社會其實尚未帶來影響，僅是少部分人關心，房價仍不斷高漲，官方跟資本家透過土地套利仍持續運作著，而這也是組織工作者必須檢討與努力的關鍵。處於社會邊緣的三鶯部落，重建模式是台灣前所未見，一旦真的順利運作起來，將會清楚對照出主流社會的缺陷。然而三鶯造成的影響還不夠大，必須讓社會更清楚的明白現今土地使用方式是有問題的，繼而進一步了解我們該如何行動。

1 東菱電子公司關廠後由於欠薪、退休金與資遣費問題，導致一百五十名員工於一九九六年十二月起成立自救會，駐廠抗爭。二〇〇五年雙方同意給予廠內的二十三戶自救會成員共兩千萬元的補償金，歷時九年多的抗爭至此告終。

# Mayaw Biho 馬躍・比吼

## 改變，是為了訴求更美好的生活

羅真

為什麼在這塊土地上，花朵不能按照它原有的顏色開花？
為什麼在這塊土地上的人們，
不能按照自己的生活價值、最自信、最快樂的生活方式過自己想過的生活？
——Mayaw Biho

曾經，一個皮膚黝黑、身材壯碩，個性溫暖又有些靦腆的原住民青年，在故鄉土地的擁抱中無憂無慮地生活。他從來沒有想過自己的族群是一個什麼樣的社會團體——他人如何看待自己的族群與其他族群，多數決的社會實踐又因這些態度有何不同？高中畢業後，他走進被視為多元、進步的城市念書，卻看見居住於河岸的族人因政府的霸道迫遷而流離失所，看見擁有美好寓意的族語名字不被漢人社會接受，看見擁有豐富文化歷史的少數如何被迫妥協於多數，於是他拍片、他演講，他綁著布條走上街頭倡議，也背負起雄心壯志走進政治圈做制度上的變革。他是——Mayaw Biho。

「Mayaw指的是守護在月亮旁邊的一顆星星，這裡面沒有馬，也沒有馬在跳躍。」簡短一句話，道盡主流文化霸權如何強勢地限制次文化團體的書寫與生活。這般心中有不平、有理想、有行動的一個人，平時講話的聲量卻不大，用字遣詞精練直白，回答問題簡單扼要，與上街頭抗議時的形象有相當程度的落差。Mayaw說自己的個性本就如此，「但是看到頭很大、職位很高的人，我就會成為另外一種人。」

Mayaw是從小生長在花蓮的阿美族Pangcah人，高中畢業後就讀於世新大學電影系，因為對影像技術的熱情，自學生時期就累積不少作品。初期拍攝的都是美好溫馨的小品，但隨著看到的議題更廣泛、接觸到的社會事件更深入，他開始認為記錄社會中的不公義、藉由影音平台讓底層人們的聲音得以擴散，這樣的選擇似乎更有價值。於是他拍攝了《我們的名字叫春日》，藉一支龍舟隊伍的成軍與參賽歷程，記錄生活於都市的阿美族人如何意識到群／我，如何凝聚族群意識的過程；《如是生活，如是Pangcah》中，一位高齡九十四歲的老先生，娓娓道出對原民傳統生活價值的堅定信仰，以及受強勢文化吞噬的無力與無奈。為生活下山，居住於城市邊緣河岸大橋下的族人，在政府公權力無情壓迫下不斷被控違法、遭體制蠻橫地脅迫拆屋——

蓋了又拆，拆了再蓋，《天堂小孩》完整記錄了斷垣殘壁中居民退無可退的麻木神情。Mayaw的影片沒有旁白。他謙遜地說自己文筆不好、不擅長寫文章，但事實上，他希望受壓迫的群體能為自己發聲。

大學畢業後，Mayaw成為獨立紀錄片工作者，陸陸續續記錄了許多原住民影像，三十多部影片中，參賽獲獎的所在多有。然而，單純地待在主角身邊作為純粹的觀察者，這種身分也讓Mayaw覺得心中的正義無法伸張，於是他開始投入運動、走上街頭表達不滿。「剛開始只是陪伴，因為能改變的事情很少，所以陪伴變得重要。但後來看不下去，就跳下去做。像拍三鶯部落，拍攝中就開始上街頭抗議、演講。有去做不見得能改變什麼，但不做絕不能改變什麼。」除了影片拍攝，Mayaw也常受邀到校院或其他地方演講。一次，政治大學法律系的老師邀請他到校園演講，他困惑地反問那位老師為什麼要找他，對方提到：「這些法律系的學生就是未來的部長、未來的法官、未來的律師，要是對社會議題沒有概念，就會大大增加誤判的可能，危害社會的程度會很大。」因此，Mayaw認為演講以及演講後的觀眾對話時間能激盪出許多的反思，是有效擴散議題與醞釀多元文化意識的好方式。

參與社會運動多年後，Mayaw發現許多根深柢固的事物是無法一夕轉變的，每每看著族人遭遇困難，卻苦尋不到體制內有效的申訴改革之道；走上街頭抗議後又必須經歷灰心漫長的等待過程。痛心之餘，他也開始思考過去的抗爭方式是否錯了？如果參選立委、如果握有政治權力，是不是能夠更有效率地改變更多事情？那時的他連報名參選的二十萬保證金都拿不出來，但仍執意參選。雖然之後落選，但台南市市長看見Mayaw對人、對社會的關愛與熱情，於是邀請他擔任台南市政府民族事務委員會的主委，Mayaw一口答應，踏上他從政改革的道路。

Mayaw接任主委後，擁有分配預算的權力，讓腦中許多理想與創新的點子有了更多實踐的可能——他策畫週六的原住民音樂學校，讓原住民孩子學習自己的樂器。他提到這是純粹在地文化紮根，不會將孩子表演賺錢的工具；他設立的部落大學也不同於其他社區大學，他認為原住民的部落大學就應該與原住民的文化緊緊相扣，因此他不開設肚皮舞、美容美髮、電腦技能職訓班等，而是較具原住民主體性的打獵、編織、認識野菜、野菜料理課程等文化傳承的課程。

被問及從政的過程中是否遭遇困難，Mayaw說：「一開始遭遇很多困難，像是公文全是文言文，看不懂裡面意思是可還是不可，都要請別人幫我看。另外為了凝聚在地的許多團體，這中間也經歷了一段很長的過程。」但他也提及：「這也不能說是負面的，它是很好的點，就是要改變！」從政以後，Mayaw仍會走上街頭抗議。他身邊許多親朋好友皆認為這樣不妥，但他覺得，有了頭銜更要站在抗議的前線，拿起麥克風表態，帶領群眾訴求更美好的生活。

又是從政，又要自發性參與大大小小的社會事務，Mayaw的行程總是滿檔。「不是我把時間規劃得很滿，是必須這樣。做一天是一天，慢慢改變。」訪談Mayaw的過程中可以發現，他最常使用的字眼是「不公不義」還有「改變」，但他總是微笑且輕聲地述說著。

# 鄭智偉

## 我是同志，我願意幫助同志

鄧郁馨

若長期關心同志人權議題，或者同志性別議題的人來說，鄭智偉應該不是個陌生的名字。在同志遊行的場合，許多關於性別、愛滋、同志人權等議題的演講，也會看見鄭智偉的身影。他身材高大，是一個親切好相處的大男孩，但內心細膩敏感；他在遊行的場合中鏗鏘有力的高喊訴求，也會因為心疼同志父母或同志小孩的處境而淚流滿面。

早先他就讀五專會計系，但鄭智偉其實不想和這堆繁瑣的數字為伍，與計算機相處一輩子，所以過程中他時常思考自己的人生規劃和人生目標。當時他參與了康輔社以及救國團的許多活動。正當他苦惱自己未來時，社團一位學姊告訴鄭智偉，她打從心裡覺得鄭智偉很適合念社工心理相關的系所，也鼓勵他轉換跑道。認真思考後他決定補習考插大。

鄭智偉在接受訪問時，提起自己人生的轉變仍然覺得非常不可思議，但也相當滿意。考上實踐社工系後，求學過程非常快樂。讓他這麼開心的一大原因是——所學的都與人相關，且強調多元。因為鄭智偉從小就知道自己喜歡男生，但是一直沒有真正接納自己的同志身分，直到念了社工系後，才開始漸漸的認同自己。

鄭智偉的人生轉捩點除了學姐的建言之外，也和他自己的身體健康有關。他大學時期身體狀況不佳，有一次開刀的過程十分驚險，險些喪命，從鬼門關走一趟的他，對人生又有了新的體悟，他覺得念了社工系，一直訴求要幫助別人，卻沒能幫助身為同志的自己以及同志朋友，實在荒謬。

自己是同志，卻連一個同志朋友都沒有，因此在他出院後，便開始結交筆友，幸運的是，第一個筆友就是從事同志運動的朋友。在十六年前，這個朋友就跟著一群志同道合的人一起出版地下同志相關刊物。鄭智偉提及自己一開始念社工系時，最想從事的是老人社工相關服務，修習的課程也和老人福利有關，但是因為認識了一群參與同志運動的朋友，深受影響，所以就當了同志義工。

不過鄭智偉大學畢業後的第一份工作和同志運動，或者同志協會沒有關係，是特殊教育老師。當特教老師那一年，剛好社團法人台灣同志諮詢熱線協會登記立案，當時的協會理事長需要一位具有社工背景的人來協助工作，因為鄭智偉已經在協會當了三、四年的義工，服務態度深受肯定，所以被理事長聘請來協會工作，一直到現在已經做了十二年的專職工作人員。

工作四年之後，他到陽明大學專攻衛生福利所，促使鄭智偉繼續念書的重要原因是為了更理解同志議題與公共衛生醫療政策。他坦承，投入同志運動以及在同志諮詢熱線協會工作，他並不清楚自己的家人是否知道，因為家人從沒有過問，自己也沒有提過，但是鄭智偉多次出現在同志相關議題的媒體版面上，和家人的關係顯得撲朔迷離。而問起投入同志運動是否曾遇到困境，其實他覺得最大的困難點就是家庭壓力，許多同志真正的壓力來自於家庭，每次只要在媒體上發言，或者是發表同志議題相關的讀者投書後，都會有莫名的壓力。不過家人不會主動詢問，他也就默默的繼續做他自己想做以及該做的事。

對鄭智偉來說，投入社會運動，關心同志人權以及愛滋議題並非他既定人生規劃中的一環，而是在許多的機緣影響，使他的人生有所改變，但他也表明，他想要繼續在這些議題上努力。同志的處境並未真正好轉，許多歧視仍然存在，當前的社會結構仍然讓某些同志走上自殺這條路，這令鄭智偉非常心痛，無論如何，他期待繼續發揮自己的力量以及所學，幫助更多需要幫助的人。

# 吳若瑩

## 哪怕是多說服一個人，文萌樓的意義就會更被認識

黃顯淨

吳若瑩身處一個小康的家庭，爸爸是工程師，媽媽則在學校教書，從小不用她去擔心學費、負擔家計。她記得小時候不好好念書時，寡言的爸爸偶爾會語帶恐嚇地說：「如果妳再不好好念書，就去做女工。」她不了解，為什麼不好好念書就要去做女工？在她的生命經驗中沒有認識一個女工，更不可能知道女工是怎樣的工作、過怎樣的生活，但是在家庭的觀念下接受了這樣的邏輯。

不只吳若瑩，許多台灣的學子都在這樣的社會想像下成長，「不讀書，就做工」。吳若瑩的家庭是個縮影，她的父親會這麼說，是因為在他的生命經驗中就是靠著讀書翻身，改善家中的經濟情況。父母的擔心，其實是來自整體社會結構的壓力，在求生存的過程中，了解體制的

遊戲規則如何運轉，但對於新一代而言，少了這個過程的理解，只是在複製一種脱離真實的社會想像。

當你有了文憑之後，可能成為白領階級，但還是不知道女工是什麼，不知道在社會底層無法翻身的人們是過著怎樣的生活，在一個沒有相互理解的狀態下，而重蹈覆轍對學歷、文憑、勞工等等的既存印象，在行為上複製了階級的壓迫關係。

吳若瑩現在回想起來，並不是沒有機會碰觸，而是在教育關係中將這類接觸或思考拒於門外。她小時候和阿嬤的關係很好，總是會到不同的姑姑家去串門子，但其實那些姑姑與她都是沒有血緣關係的，是以前家中經濟困難時，阿嬤在酒吧幫傭時認識的朋友。

小時候可以明顯感受到姑姑與家族其他人的不同，像是外貌上她們可能有紋眉、紋眼線，也有一副長年抽菸的煙嗓。年紀還小的吳若瑩與姑姑們的認識，是建立在實際的互動關係中，所以不帶有歧視或汙名的偏見，而是以親人、照顧她的長輩而去認識與相處。

吳若瑩現在才回想並重新梳理這段關係，公娼阿姨雖和媽媽年紀相仿，但吳若瑩在公娼阿姨的身上，看見的卻是阿嬤和一群「姑姑們」的影子。她才開始明白，其實自己和「女工」的距離一點都不遠，只是在求學、成長的過程中，遺落了這些生命中的重要聯結。

一路讀到大學，在成大建築系學習的過程中，她認為建築系給予的空間教育，只是讓人絞盡腦汁的創新，她本來預計十年、二十年後到台北去做建築設計。然而她也思考，自己的專業能真正實踐於社會的又有多少？

一個專業者的場域在哪裡？什麼才能稱得上專業？有些建築系的人大學畢業去當公務員、有些當建築設計師、有些則去事務所工作。表面上好像與所學密切相關，但實際上卻彷彿毫無交集。求學過程所開啟的視野，怎麼思考人與空間的權力關係，究竟是誰分配了空間的意義？這些提問在吳若瑩的實踐中一一展開。

一位設計師對於專業的想像，也許是有獨到的藝術眼光、精準的力學計算、了解各種材料特性等等，但吳若瑩想要了解更多的是「空間與人」的關係。大學的畢業專題，她想要做移工教會，如台北中山北路的聖多福教會，然而現在說起，她認為自己不夠了解菲律賓移工，覺得自己付出有限，沒有機會和使用者討論。她想像教會後方會有移工集體居住所，但實際上照護型工作的移工，是受限在雇主家進行家庭照護。種種與實際情形不符的狀況，讓她覺得自己的設計成了烏托邦的空想，現在的她以「蒼白與薄弱」來形容。

即便做了理想的規劃，希望反應某些社會議題，如畢業專題的移工教會，卻也無法處理移工在台灣真正面臨的問題，即便你有一個好的出發點、設計熱情，但真正進到田野的現實當中，仍然要花很多的力氣去改善，埋藏在背後社會結構的根部問題。

有時設計師所站的位置與真實社會距離太遠，受到資方的委託卻無法了解使用者真正的需求，或者無法看見誰才是真正的使用者。設計師想像自己的專業知識與能力，能主宰空間的願景，但缺乏認識真正使用者的主體性，所以社會存在許多真空的建築。

二〇〇五年吳若瑩到了台大城鄉所就讀，期待有別於建築系的專業想像，也開啟了對性別、人跟空間關係、社會階級的認識，大學的訓練使她初窺建築設計門道，而城鄉所帶給她的是對這種專業者角色的思辨。

在碩一下學期時她與同學進入了「日日春關懷互助協會」當志工，除了協助推動性工作去汙名與爭取公娼的勞動權益，她也看到廢娼後，許多公娼館因為都更而消失，故希望藉由指定古蹟來讓文萌樓這個妓運基地能長久保存，成為一個社會教育的空間。因緣際會下，成為日日春的正職人員，她說當初並非純然因為想做妓運而進來，也是在挑戰空間專業者工作的侷限。

文萌樓作為一交流的平台，人是空間中的主角，這裡就像舞台，讓原本不被社會看見的人有機會被認識，也從這些性工作者的故事中，去理解他者的生命經驗，位階轉換的差異，思考社會既存的規範，進而獲得解放的力量。吳若瑩在日日春工作，除了古蹟的保存外，也讓她得以用不一樣的角度，重新看自己的過往。

在吳若瑩摸索自己的雙性戀認同的過程中，那些公娼無懼社會汙名，永不妥協的公娼精神成為非常重要的鼓勵：連性工作者都敢站出來了，那我為什麼不行？而這也是妓運之於文萌樓是無可取代的原因，讓公娼講述自己的故事的同時，理解社會對於各種弱勢的壓迫，進而促成社會改變，正是文萌樓的意義。

在日日春工作必須從事許多抗爭活動，她說如何在不同的團體中讓大家團結，是一個巨大的工作，必須要協調人與人、組織與組織間的差異和利益等等，並且如何讓弱勢長出自己的力量，而不只是期待政府的施恩。

在日日春工作的特殊性也在於，她們需要服務許多公娼，還包含照護工作，大多數的公娼都是過著非典型的生活，大多不是以家庭為依歸，所擁有的社會資源也很少。以公娼麗君為例，長期參與妓權運動的她，個人利益與公益幾乎是綁在一起的，在抗爭時期發現罹患乳癌的麗君，甚至是以抗爭為優先，在抗爭結束後才去醫院接受治療，她曾經說過：「若沒人出來解釋，外面的人不知道小姐的艱苦，自己的日子過得去，但是要幫其他的小姐說話。」

二〇一四年麗君因為癌症的轉移而去世，在她臨走前的日子，吳若瑩負責照護麗君，她說能夠陪麗君離開是很榮幸的經驗，在麗君身上她看到了一個「公共化的人生」。一邊抗爭一邊進行照護工作，她曾經也很擔心做不好，那是她第一次全然的面對一個重症患者，但仰賴同事們的經驗，減少慌張和焦慮。

從麗君的生命經驗來看，這個公共化的人生奠基於她將別人的辛酸放在自己的肩上去承擔，參與妓運十八年來，沒有缺席一天；最後這段路，她將自己全然信任地交給這個社群一同承擔，麗君床前絡繹不絕的探望者，一同奮戰過的公娼姐妹、十多年來受她感動，被麗君溫暖擁抱鼓勵過的人，一一現身和她道別。曾經是最受汙名的性工作者，麗君將自己的苦痛，化為眾人抵抗壓迫的養份，走過這樣的人生，何嘗不是一種「幸福」。

麗君離世後，同年九月，選舉登記的最後一天，吳若瑩決定參選台北市大同區雙連里的里長。一部分原因是不滿地方政治的現實與土地利益的貪婪，抗議行動雖能指出問題，但總是像在補破網，補了又破、破了又補，不如更直接挑戰權力源頭的決策機制。但另一部分原因，也是照顧麗君的過程中，她更清楚感覺到，像麗君、官姐這樣的公娼，比絕大多數政客都更理解弱勢者的需要，像公娼這樣高度複雜的問題她們都願面對和承擔，那里民的服務怎麼會難得倒呢？

吳若瑩最後雖然沒有選上里長。但有一個關鍵收穫是，能直接創造和社區居民的互動，日日春也想讓社區居民知道，妓權古蹟和都市再發展本來就不衝突，如何協調彼此，並有互利共存的機會，是非常重要的。同時，也是藉此向社區傳達：日日春不只關心性工作者，也關心古蹟，關心社區長期發展，希望聆聽居民的聲音。

在日日春，雖然議題的傳遞讓她們受到了社會的質疑，古蹟保留上遭到投機客的炒作，並有各方勢力的角力，但是她們仍然持續爭取與互助。也許有一天文萌樓不會再有日日春的阿姨解說，也許社區居民仍難以接受這棟古蹟的歷史意義，或者誰以炒房的姿態希望她們離開，然而吳若瑩說：「只要努力，哪怕是多說服一個人，文萌樓的意義就會更被認識。」

附錄一

# 公民不冷血：公民行動影音紀錄資料庫的社會實踐

管中祥

一九九〇年代，隨著新自由主義「圈地運動」擴張，作為「公有地」的媒體受到跨國資本及集團化的影響，原本應有的公共性受到極大戕害，台灣媒體也陷入商業競爭的惡質網羅。雖然解除戒嚴，新聞不再受到國家檢查，但商業媒體集團卻成了壓抑弱勢之聲，扼制公共議題的高牆，阻擋人民對真實世界與公共事務的理解。面對此一情勢，改革媒體的聲音未曾間斷。

這幾年媒體批評似乎成了顯學，不同群體改革媒體的目的與手段各有差異。有些人主張NCC硬起來，政府應該多管管媒體；有些人反對媒體壟斷，特別是兩岸政商集團的操控；有些人針對媒體不當內容進行撻伐，不論是腥煽或是政治立場，只要不符我意或基本價值，都起身反對；也有人主張要建立公廣集團，透過公共介入，維護媒體的多樣與公共性；還有人強調媒體勞動意識，透過工會或新聞工作者的集體力量，強化媒體內部自主。

這些主張或行動，有些是出自於自我價值，反對某種自己不喜歡的言論出現，有人則基於某種理想，希望重建媒體的公共價值。不過，不管心裡如何想，打算怎做，行動者必須思考的是，媒體改革運動的終極關懷與價值是什麼？換句話說，除了行動，我們更要關切的是，透過媒體改革，要追求的價值與人類生活體制究竟是什麼？

媒體是民主社會的重要環節，改革媒體的目的是要促進社會更平等、民主、更多元！但民主的價值不單只是投票、選邊，還要能看見彼此、展現差異、社會對話。但在此之前，必須先確立每個個體或群體，都能成為獨立且平等的主體，否則任何的「對話」都只是強欺弱的假和諧。

因此，若要平等、民主與多元，除了對現有媒體的體制與生產進行改革，還要思考的是，如何促成弱勢發聲，並讓異議之聲成為社會進步的的力量。所以要：奪回媒體。

「奪回媒體」除了批判媒體，要求承擔公共責任；還需要透過公共及制度性的力量維護媒體公共性。而另一種作法則是在「主流媒體」之外另闢蹊徑，發展另類媒體，讓受到主流媒體忽視、有意排除的群體，或是無力近用主流媒體的人民，能藉由另類渠道串連轉進，突破主流媒體設下的障礙，傳達另類聲音。

## 「獨立」媒體未必另類

這幾年，台灣社會出現了許多「獨立」媒體或公民媒體，似乎為媒體亂象帶來一些改變的希望。但就某個意義來說，這只是過去黨外雜誌、地下電台、另類錄影帶的延伸，在學理上，一般稱之為「另類媒體」（alternative media）。

雖然，「另類媒體」是在一九六〇年代左右才出現的概念，但在人類歷史上，並不是新鮮事。例如，湯瑪斯潘恩透過革命小冊子主張美國獨立；英國國會議員威克斯發行報刊鼓動人民批判皇室與封建體制，都是早期的另類媒體，而他們又被稱為「激進新聞（Radical journalialism）」。

「另類媒體」通常處於非主流的邊緣位置，在不同的同國家、不同的歷史時期被冠以不同的名稱，並有不同的內涵意義。「另類媒體」有時被稱作「基進媒體」（radical media）或「草根媒體」（grassroots media）、「獨立媒體」（Independent Media），不僅只是為基進或另類觀點提供平台，而是強調透過閱聽人或公眾自己的創造、生產和傳佈，促成更廣大的社會參與，開創另類的公共領域（alternative public sphere），也有人直接以「行動者媒體」（activist media）指涉另類媒體的基進性。Waltz指出，所謂的「另類媒體」有時只是表現形式上的「另類」，但傳佈的仍是主流價值，但「行動者媒體」的不同之處在於，鼓動閱聽眾採取實際行動，參與社會變革。Dowing以「基進媒體」的指稱來強化來稱呼另類媒體批判性與社會動能，他強調，基進媒體源生於政治與社會運動，並要對抗主流價值與權威。

換句話說，另類媒體並不是媒體市場的「另一種選擇」，若是如此，也只是資本主義社會的「市場區隔」經營策略，相反的，另類媒體要有「進步性」，除了促成社會改革，同時也強調內部民主、版權開放、資金多元與透明，顛覆既有資本主義下的媒體經營模式。

一九八〇年代中期可說是台灣另類媒體發展的第一個高峰，雖然「黨外雜誌」隨著報禁解除逐漸勢微，但隨著社會運動的風起雲湧，另類錄影帶及地下電台成為底層意見的重要出口。

異議媒體崛起和政治反對運動密相關，由於過去媒體壟斷在以國民黨為主的黨政軍之手，三家電視台在政治立場上多偏袒執政當局，對於各類新興崛起的社會運動多予負面的評價，也使得民眾從三台的表現上，難以窺得爭議事件的全貌。因此不少媒體、政治或文化工作者為表達對政治及廣電體制的不滿，紛紛透過自行拍攝的「另類錄影帶」作為突破媒體障礙的先驅，例如，「綠色小組」、「第三映像」、「文化台灣影像工作室」等團體拿起攝影機，在街頭、在災區、在農村、在工廠紀錄當時的風起雲湧的公民行動，以影像的方式紀錄台灣底層生活及社會運動的發展，同時作為政治與媒體抗爭的工具，當時的另類錄影帶紀錄的範圍相當廣泛，包早期自立救濟模式的社區抗爭，到環保運動、學生運動、農民運動、勞工運動、原住民運動，甚至是宣揚政治反對運動人物的理念與風格，以及彰顯本土文化的內容都涵蓋其中。

地下電臺的出現也同樣起因於政治與媒體的壓抑，地下電台關注到弱勢的聲音，呈現了邊緣與非主流色彩，不受社會重視的原住民、勞工、婦女、同性戀等團體在地下電臺找到了發聲機會。除了作為政治言論異議者、選舉活動造勢者，以及本土文化的提倡者外，地下電臺更擴大對邊緣弱勢者的關懷層面，進而企圖顛覆與衝撞資本主義與父權體制的堅固牢籠。透過影音的紀錄與流通，不僅解構政治權力的神話，終結強人歷史的專斷論述，更進一步成為反叛工具，擔負起教育組織群眾的功能。

有趣的是，臺灣民主化超過二十年，政商聯手控制的媒體環境似乎絲毫未變，另類媒體依然挺立。特別是網際網路普及後，另類媒體的發展相對發達。整體而言，以報導公共議題為主的獨立／另類媒體，大致有四種主要的型態：

一、另類媒體「集團」——《立報》、《破報》、《四方報》。

這是由世新大學支持的小眾媒體「集團」，雖稱之為「集團」，規模並不大，卻曾有重要的社會意義。《立報》是具批判思維的教育報，有大量篇幅的社會運動新聞以及評論；《破報》則是強調青年發聲，除了有各樣的文化活動訊息，也對主流的文化價值提出反思與批評；而《四方報》提供東南亞移民／移工發聲的管道，除了以該國語言（例如：越文、泰文）書寫當地新聞，也有大篇幅版面讓移民／移工暢所欲言。不過，二〇一四年世新大學宣佈破報停刊，立報轉型，目前只有四方報仍維持原有的價值。

二、網路原生、集體作戰——苦勞網、《環境資訊電子報》、公民行動影音紀錄料庫、上下游新聞市集、焦點事件。

他們關注勞工、環境、農業，以及各式各樣的社會運動與弱勢議題，也是較具組織性的獨立媒體，即使如此，大多為水平運作方式，重視內部決策的民主性，相較於主流媒體，這些組織中的新聞工作者獨立性較強，有較大的發揮空間。並且多以網路原生，以文字書寫，大量的圖片或深入的分析為媒體特色，其中，公民行動影音紀錄資庫是以影音報導為主的獨立媒體。

三、「鄉民」的正義——公民記者。

這些公民記者並不是以新聞工作為「職業」，他們大多有正常的工作，有些則是退休人士、家庭主婦、社區志工，在工作之餘進行報導。內容多為社區及在地的公共議題，不但觸角伸入台灣的每寸土地，也讓在地方議題成為全國注目的焦點。而在「三一八運動」後，也開始出現「直播團隊」，讓讀者同步知道社運現場的最新動態。

四、獨立媒體人。

有些是從主流媒體悻然離開，有些則是在大學畢業後就已是獨立記者，他們隻身工作、獨立作業，大多用自己的積蓄進行報導，不過，這幾年獨立記者也和獨立媒體合作，或者把他們報導的新聞販售給主流體，作為生活及下個報導的基金。

最近幾年台灣社會常以「獨立媒體」形容這些相對具反叛性的媒體，不過，這種稱呼反而不易突顯另類媒體應有進步性。簡單說，只要資金獨立、運作獨立，都能稱之為「獨立」媒體，但媒體獨立未必「另類」，也可能反而靠近優勢的權力體系，複製主流的「政治」價值。「獨立」媒體也未必會站在弱勢者的位置，為弱勢發聲，有些媒體即使在社會中發出異見，也可能只是某些異議／政治團體的附庸，不具另類媒體應有的主體性，其存在的日未必是要促進社會的公共討論，有時只是某種主流政治勢力的傳聲筒。

換句話說，財務或運作上的「獨立」是另類媒體存在的必要條件，但「獨立媒體」未必就是「另類媒體」。

另類媒體存在的目是為是要站在主流價值與政體的對立面，並促成社會改革與多元對話；在組織上，與科層分工、高度中央集權結主流媒體有所不同，強調內部權力民主，是平行、對等的組織關係，決策共同討論，甚至由下而上，產製流程充分尊重前線記者的判斷與自主；在財政上，不依賴少數股東及廣告，資金來源多樣化，公眾集資為主要收入來源。另類媒體雖然財務經常困窘，但並不為存在而存在，還要不斷反思其存在的目的。換句話說，另類媒體不只是其內容是否關切弱勢發聲或具有進步性，並要強調財政獨立、運作公開、內部民主、資源共享等價值，他存在的目的，不只是要提供另類的批判之聲，更重要的，建立有別主流媒體運作方式的另類範例。

台灣的另類媒體或獨立媒體大致透過幾種方式維持經營。一是「母體支持」，過去的台灣《立報》、《破報》、《四方報》大部分的資金由世新大學提供以維持營運；二是「販售新聞」，部分的獨立媒體工作者除了自主報導，也會與主流媒體簽訂合約，以個案或專題方式提供新聞，是典型的Freelance；而「申請補助」是另一種常見的做法，這些另類媒體會向大型NGO或政府申請經費，雖然可以有較充裕的資金，但其獨立性容易引發質疑，同時也可能考量「金主」的立場及自我限制；第四種則是以「社會企業」的方式營運，透過販售其它商品所得支持獨立媒體的運作，例如，「上下游新聞市集」的部分資金便是來自市集平台販售農產品所得，支持新聞部門運作；最後則是「公眾集資」為主要經費來源，透過公眾集資平台或直接捐款，向社會大眾募款，而這也是最穩定的資金來源，並且較不易受到外力的影響，「苦勞網」、「公民行動影音紀錄資料庫」、「焦點事件」便屬此類。當然，另類媒體的運作未必只有單一財源，有些則會採取多種財源模式，以擴大來源及維持穩定。

## 公庫為社運而生

「公民行動影音紀錄資料庫（簡稱「公庫」）」於二〇〇七年成立，原本是「國科會」（今「科技部」）的數位典藏計劃，二〇一二年七月計劃中止，目前為自籌經費獨立運作。「公庫」成立的目的就是要報導社會運動，除了希望藉此紀錄與呈現社會進步且多元的聲音，我們也認為，一個社會能否進步，不是來自於政府的恩澤，也未必是因為反對黨的監督，更重要的是與社會運動是否發達密切相關。可惜的是，台灣社會大多對社會運動存在著莫名的厭惡，甚至恐懼，絕大多數的社會運動，不是被媒體忽略、漠視，要不就遭到扭曲、汙名。新聞裡看到的是各樣的抗議陳情花招，或者不理性的衝撞對立，抗議者不是小丑，就是暴民，媒體很少提到他們的主張和我們有什麼關係，很少讓他們完整地講完行動的訴求。

例如，最近幾年在台灣各地「流竄」、四處「占領」的「關廠工人」，曾經因為下班時間在台北車站臥軌抗爭，遭到路人責難，甚至有人大聲喊著要火車「撞死他！撞死他！」圍觀民眾的反應不難理解，因為回家的遭到阻礙，也不知道「關廠工人」除了是要爭取該得的退休金、資遣費，他們更要求修改《勞基法》二十八條，為你、為我爭取權益。

雖然《勞基法》讓員工薪資享有優先債權，不過，僅限未滿六個月之工資，並未及於其他勞動債權，一但公司宣告破產，卻沒有退休金、資遣費的優先債權，銀行或其它債權人卻可以優先大喇喇地把公司值錢的抵押品全數拿走，導致員工一無所有。

上吊、絕食、臥軌、衝撞，是關廠工人不得不使用，甚至是唯一的抗爭工具，但卻也是許多媒體關注的唯一焦點。我們或許因為這些影像感到同情、支持、憤怒、厭惡這些工人，然而在這種種因傳媒而引起的喜怒哀樂情緒中，卻渾然不知，關廠工人幫了自己，也幫了我們。

有時抗議行動會讓我們憐憫，或是憤怒，卻未必知道他們在「鬧」什麼，也不明白他們主張何事，甚至會覺得這些人根本就是自私自利，抗議陳情為什麼要影響我們的生活？但其實許多抗議者的所言、所行，不單是為了自己，也是為了我們。

然而，這些行動者或弱勢者在公共領域的傳播權利始終遭到扼殺，在話語權遭到閹割的情況下，我們永遠無法理解社會運動者的主張，他們的批評或訴求和我們的關連，如果政府接受了他們建議，這個社會到底是會更好？還是更糟？

「公庫」的存在就是讓這些人盡可能完整說話。我們笑稱自己是史上最冗長的新聞報導，每則影音大約長達五到十分鐘，除了文字，還有延伸閱讀，甚至整理成圖表或懶人包。理由無它，我們不希望自己的報導像主流新聞台一樣快速、短暫、瑣碎，並且不知所云，許多抗爭者長途跋涉到台北抗議，但主流媒體卻無法讓他們完整發言，或者，只呈現激烈衝突的短暫畫面，讓人誤以抗爭者是不理性、破壞社會穩定的激進者。然而，「公民行動影音紀錄資料庫」較長篇幅的報導，反而有機會讓抗爭者完整地講完自己的訴求，也讓讀者了解這些行動和我們的關係。

八年來，「公庫」已經累積超過兩千五百則的影音紀錄，也針對重大議題製作專題報導。兩千五百則的影音報導，從一般新聞媒體的生產量來看，根本少的可憐。過去幾年，公庫只有兩名專職記者，卻也發揮了強大的能量。更重要的是，這個數量也意味著，這八年，台灣社會一天至少發生一次社會運動的陳情、抗議或者記者會，但公庫的有限資源下只能記錄一部分，台灣的公民行動絕對超過我們所報導的三倍、四倍，甚至更多。有趣的是，這些抗爭我們通常毫無所悉，也不明白抗爭者／受壓迫者的處境，以及他們的訴求和我們究竟有什麼關係？台灣彷彿處在資訊發達卻無資訊的奇異時空。

目前「公庫」有三位專職人員，也有幾位按件計酬的協力報導者，我們跟合租了一間小小辦公室，但新聞現場卻是我們的「行動辦公室」，也經常在「雲端」開會；我們有組織、有分工，沒有科層，在「社會運動」的範疇內，記者可以自行決定報導主題，相互補位。我們強調「前線優先」，沒有審查制度，有問題共同承擔。我們相信記者的專業判斷，並且認為在現場的記者比不在場的編輯更理解事件的重點與真相。當然，有時也有難以處理的報導，或者對議題有不同的看法，對報導不同的期待，我們都會回到內部共同討論。

自主生產，我們也與「公視新聞議題中心PNN」合作，製播「燦爛時光會客室」節目，透過在線視頻及廣播節目親臨每週重要社會運動，了解事件背後的關建因素。「公庫」也邀請各方人士分享報導與觀點，並且接受投稿。而為了讓讀者更了解各地的公民行動，串連各地社會運動，「公庫」與國內外獨立媒體建立伙伴關係，透過合製節目、轉貼、交換新聞的方式，連結各方社會運動與獨立媒體。包括本地的：自從六輕來了、監獄畫家林文蔚、唱四方、四方報；香港的香港獨立媒體、G點電視、惟工新聞；馬來西亞的當今大馬、街報；中國的女聲網；歐洲的泡泡網；日本的島弧——黑潮，以及澳洲的EngaeMedia。我們會把部分拍攝的內容加上英文字幕，讓英語世界的朋友可以理解台灣的公民行動，也會不定期的將EngaeMedia的影片中文化，將他們有關東南亞勞工、移民、性別的影片介紹給華人世界。

「公庫」也有各樣的專欄，二〇一五年開始與高中老師合作，企劃「教室外的公民課」，每周推出一篇由高中高民老師執筆撰寫的批判性文章，作為同學與大眾的一堂反思課程。我們也與一群年輕的主流媒體記者合作，推出「小記者的私房間」，表達其對於媒體環境與勞動條件的看法，披露工作過程中的見聞與心聲。「夜書眼中的世界」邀請關注國際議題的朋友觀察整理重要事件；「晴耕雨讀」則是刊登書評、影評及藝術文學筆記的專欄；另外，我們也和影像工作者合作「中台灣汙染影展」，共同報導中台灣嚴重的空汙問題。我們跨進主流媒體平台，在蘋果日報與Yahoo新聞網站都可以看得到「公庫」的報導。

我們也和許多獨立／公民媒體一樣，在採訪時遇到不少阻礙，不僅公務機關阻止我們進入，警察也在抗議現場限制我們採訪，甚至二〇〇八年我們要到日本採訪反G8行動前，警察還曾登門拜訪公庫的報導者。這些障礙其實是各國另類媒體大多會有的境遇，不過，因著直接的抗議或經驗的累積一一克服。

或許是畏懼於網路媒體的壓力，或者是要展現開放心胸，與民為善，二〇一四年九月十八日，行政院新聞傳播室主動邀請「公庫」等媒體參與每週四的院會記者會，這應該是台灣政府第一次正式大開大門，邀請另類／獨立媒體入室採訪。也許有人認為這是台灣另類／獨立／公民體自此往前邁出大步，我們當然認同政府對非主流媒體大開採訪大門，但這本是政府本來就該作的工作，也是民主社會的必要條件。

諷刺的是同年十月十五日，在「公庫」擔任五年記者的楊鵑如，採訪台北市政府內湖區通檢會議「滅火器事件」一時，無端被警方當嫌疑人「逮捕」。無緣無故，也沒做任何筆錄，就被強制留置信義分局三小時。

看似進步的政府卻隨時濫用行政權力，表面上大開大門歡迎採訪，但卻任意以「自由心證」限制採訪自由。什麼樣的地方、什麼樣的場合可以採訪，不是公權力可以片面決定的，表面上是維持某種「秩序」，但實際卻可能限制新聞自由。二戰時期，美國政府動輒以國家安全為理由限制記者採訪範圍，引發媒體強烈反彈，聯名抗議政府濫權，進而爭取採訪權及民眾知的權利。而現在台灣警察隨意拘留記者，濫用公共權力，更是對新聞自由的迫害。

這幾年台灣對於記者採訪的限越來越嚴苛。以往在社會運動場合，受阻擋的大多數是獨立媒體或公民記者，不過，二〇一三年，士林王家及華光社區拆遷時，警方也開始限制主流媒體的採訪範圍，甚至驅離在現場拍攝的攝影記者。二〇一四年三二三行政院驅離群眾前，第一批被趕走在院內採訪的記者；四月反核占領忠孝西路，也將記者架離；二〇一四年「公民行動影音紀錄資料庫」記者採訪內湖開放案審議時，無端被帶進警局留置三小時。而二〇一五年前四名記者採訪中學生衝進教育部新聞時也被警方強行逮補，警方在爭議事件上限制記者採訪的次數越來越多，強度也越來越強。

中國知名的紀錄片導演，也是廣東中山大學教授艾曉明曾說：「有權力的人最怕紀錄。」官方限制越多，意味著他們越擔心媒體記錄官府的惡行惡狀，傳播社會運動者被主流媒體忽略或扭曲的行動訴求，並且害怕「假記者」對政府的猛力監督。

## 群眾集資、定時定額挺「公庫」

二〇一二年七月，國科會計劃結束，我們面臨生存的窘境。未來該怎麼走？能不能走下去？一直是讓人猶疑、掙扎的問題。即使真的走下去，能走多久也讓人十分困擾。

八年來，「公庫」記錄了大量社會運動的影像，不僅是另類媒體，是資料庫，也是人民的歷史的重要記錄，如果停了，接下來該如何有系統的紀錄社會發展的重要痕跡？更何況，「公庫」不是任何私人的資產，而是公共資源，我們拍攝的影片不僅無償提供社會各界非營利使用，許多的公民團體、紀錄片導演也引用我們紀錄的影像，甚至許多高中「公民與社會」老師推薦同學作為補充教材，讓年輕的世代更了解台灣社會的多樣面貌，這麼重要的公共資產，我們豈能說停就停？

就在我們困惑、猶豫、焦慮之際，二〇一三年七月，在高雄「三餘書店」舉辦《公民不冷血》新書發表會結束後，有位陌生的朋友熱情地表示要捐給我們一筆足以支付我們兩位全職記者五個月薪水的捐款。這突如其來的支持，不但是對「公庫」莫大的鼓勵，也讓我們再次肯定自己所作的，是建造台灣社會重要的工程。

於是，我們決定延續這項艱難的工作，「公庫」正式成立協會，向公眾集資，維持獨立運作，尋求長久生存之道，透過更多的參與，讓這個機制能逐步地更具公共性與公共價值。轉型期間，我們曾向「族群和諧基金」、「We-Reoprt調查報導公眾委製平台」申請補助，還有許多以不同方式支持我們的朋友，都成了我們繼續走下去的助力。二〇一四年八月，「台灣公民行動紀錄協會」正式成立。對公庫來說，是新的開始，也是新的挑戰。

就在我們等候內政部核可同時，突然傳來成立不到兩年的香港《主場新聞》停刊消息。這個每日點閱高達三十萬，頗受文化界與社運界期待的網路媒體，曾為日益緊縮的香港言論空間，提供了一線希望。

主場新聞是以商業模式經營的媒體，點閱雖高，但廣告主卻裹足不前，而出資者也限於壓力，毫無預警，說倒就倒。《主場》的經驗告訴我們，許多不理性的政治因素干擾著被期待理性的市場，若只依賴少數出資者或廣告作為主要的經濟來源，恐怕難敵無所不在的政商結盟惡勢力。

一樣是網媒，比《主場》更另類的「公庫」合作伙伴「香港獨立媒體」，是一個透過公眾集資營運的網路媒體，成立超過十年，主要收入來自民眾每月小額捐款，雖然不多，但足以維持營運，每天的瀏覽人數遠不如當時的主場新聞，但在香港當地也有一定的影響力，「雨傘革命」期間，粉絲人數從十多萬爆增了四十幾萬，是許多人了解占中運動的重要管道。

在台灣，雖然許多人對主流新聞台表現並不滿意，但仍然付費給這些媒體，因為當你付錢給第四台系統業者時，他們也同時把你交的收視費變成頻道授權費，轉到新聞台的口袋，你也因此成了這些媒體繼續生存的小股東，支持他們製作讓你不開心的內容。與其面對這樣的窘境，倒不如支持你所認同的獨立／另類媒體，讓他們能有更大的發揮，讓社會也能有多元的聲音，畢竟媒體的好壞，跟我們的日常生活與民主政治很有關係。

目前「公民行動影音紀錄資庫」的主要資金來自公眾捐款，不只公庫的工作者了解我們的財務狀況，每一筆捐款都會公開徵信，定期向大眾報告。因為我們相信公眾集資、定時定額是

「另類媒體」期待與理想的營運模式，來自公眾的捐款雖然辛苦，卻更有機會獨立自主。換句話説，另類媒體的獨立與公共性須透過群眾認同、涓滴集資才能真正達成。

捐款挺公庫，為社運做紀錄！請上「公民行動音紀錄資料庫」官方網站，或掃描下列QRcode，了解相關辦法。

附錄二

# 總編輯後記：讓我們繼續行動

劉粹倫

我們已習慣將「了解」擺在行動順位的末端？我們總是有其他欲望必須優先滿足：上個網、玩一下手機、喝杯好咖啡、一頭栽進永遠做不完的工作。面對社會的問題、他人之痛苦，我們沒有空，也沒那個心情。自己的事都煩惱不完了。

但事實是——想了解、解決我們自身處境的難題，重點在於找到問題的切入點，而這些問題，常常源自整個社會對不公不義的慣性忽略。也許，有時候我們願意打起精神去觀察、去聆聽，想辦法理出頭緒，但卻又避免不了「愈了解真相，愈讓人沮喪」的無力，究竟，接下來怎麼辦呢？

我有幸認識了這麼一群人。

他們是公民行動影音紀錄資料庫的夥伴。雖然知道要深入了解這片土地並不容易，他們卻沒有知難而退，反而以有限資源在主流媒體之外另闢蹊徑，努力而詳實地將公民行動的現場影音訊息，忠實傳達出來，讓所有無法親炙現場的人，有機會聆聽其他公民的聲音。

看過公庫的新聞後，我深深體會到「一次專心做好一件事」真是美德。公庫的新聞就是只是「新聞」，沒有搞笑旁白或製造娛樂效果的斷面，也沒有企圖讓人分心的跑馬燈，狂妄地在畫面上下左右竄擾。一次呈現一樁新聞事件，質樸、簡單、清晰得讓人吃驚。影音報導的長度多落在八到十分鐘，盡可能記錄公民行動事件的來龍去脈。在這個快速消費新聞的時代，可以說是一股暗潮洶湧的「新聞慢活運動」。

在這個數位時代，公庫做的事，大約與過去國民政府箝制言論時產生的地下報刊、地下電台差可比擬；只是現今一般電視台，廣告主才是總司令，用娛樂效果收買閱聽者，製造滿意的收視率與點擊率，真真假假都沒關係。如今媒體看似多樣，獲取資訊的管道看似多元，無奈大家打開電視，只剩下無盡演繹的醜聞、美食與豪門。主流新聞台的畫面閃著銀色的鎂光燈，而公庫畫面閃不停的，竟是警車上的紅色警示燈；比較起公庫與一般電視台所報導的同一則新聞，更讓人驚訝：「怎麼差那麼多！」莫非有兩個台灣？還是我們原來活在平行時空？

我們都像瞎子摸象。沒有誰，或是某個特定角度能掌握事物完整的樣貌。這也是公庫可貴的地方——有一群勇敢的人奮不顧身挖掘真相。他們不會披著客觀中立的羊皮，要閱聽者卸下心防，聽從特定意見。他們有專業、他們有態度，重要的是，他們有溫度，個個都願當這實相世界中失落的那一塊拼圖。少了他們的報導，我們認識的世界就不夠完整。

公庫給我們視野，也給我們靈感：「只要我們願意，從什麼時候開始了解，都可以。」每一個人都是公民行動的基本單位。「讓我們繼續行動！」當我們愈來愈了解自己的處境，開始願意拋棄因為冷漠而生的那種「舒服」——把自己當做一個變因——終能一起探究出事件的本質，與最好的處理方式。

附錄三

# 社會運動團體、媒體簡介

本附錄所列媒體、團體、聯盟等之選擇，參考自書內文章。

## ■ 媒體

### 台灣立報／http://www.lihpao.com/

世新大學創辦人成舍創刊，是台灣報禁開放後第一份小型報。成露茜接任社長後，更強調弱勢關懷與批判立場，關切教育、族群、老人、性別、弱勢族群、社會運動、環境等議題，是台灣重要的另類媒體。

### PeoPo公民新聞平台／http://www.peopo.org/

由公廣集團於二〇〇七年四月成立。以部落格型態匯集公民新聞之平台，是台灣第一個完整架構的影音公民新聞網。

**上下游News & Market（新聞市集）**／http://www.newsmarket.com.tw/

一個關心農業，以及友善土地議題的社會企業。除聘請專職記者進行專題報導，也邀請各界作者提供與友善環境、農業有關訊息。並主動進行農產品開發，提供消費者健康的在地食物，也讓農村的經濟更活潑。

**四方報**／http://www.4way.tw/

以越南文報導移民／工的新聞，並且提供大量版面讓新移民、新移工們以母國文字發聲，傾吐心事，在「說出自己的心事、閱讀別人的心事」的過程中，分享情感、凝聚力量，發起跨界文化集結，爭取新移民／工應有的權利。

**苦勞網**／http://www.coolloud.org.tw/

將自身定位為「運動的媒體、媒體的運動」，為社會運動報導與發聲的平台。二〇〇七年，獲得財團法人卓越新聞獎基金會頒發第二屆「社會公器獎」。創辦人孫窮理認為苦勞網的得獎，對於「社會公器」概念的挪移產生正面的作用。

**南方電子報／http://www.esouth.org/modules/wordpress/**

台灣第一份對大眾發行的電子報，以社區運動、社會運動、生態環保、弱勢團體、文學文化為主，理想是「讓在商業邏輯下失去戰場的理想在網路上發聲」。

**莫拉克新聞網／http://www.88news.org/**

為莫拉克風災後，新聞學界、業界、災區重建工作者，以及關注災區的熱心人士，共同發起的新聞網站，以守望精神，持續報導各災區的現況，希望讓更多人了解、參與莫拉克災後的重建工作，形成公民社會的互助力量。

**破週報／http://www.pots.com.tw/**

世新大學發行的免費週報，編輯靈感源自紐約市的《村聲雜誌》（*The Village Voice*）。提供大量藝文節目消息，同時針對不同社會議題發表立場銳利的報導和專欄。報導以藝術、勞工運動、環保運動、性別運動等社會議題的消息與評論為主。目前已停刊。

**第三映像工作室／**

成立於一九八七年，以攝影機記錄街頭運動，成立目的除了要反制主流媒體壟斷，也強調維持忠實紀錄者的角色。

**綠色小組／http://greenteam.tnnua.edu.tw/**

成立於一九八六年，透過當時新興的攝影機拍攝社會運動，記錄人民歷史，經由影音的紀錄與流通解構政治權力的神話，終結強人歷史的專斷論述，擔負起教育、組織群眾的功能。是台灣解嚴前唯一有組織的反對派電子媒體。

**環境資訊電子報／http://e-info.org.tw/**

二〇〇〇年正式發刊，由台灣環境資訊協會（環境資訊中心）發行，「環境專業」的網路媒體，主要蒐集國內外環境議題相關剪報，也報導台灣的環境新聞，作為環境資訊與環境運動的溝通平台。

## ■ 團體

**台灣生態學會／http://ecology.org.tw/**

台灣生態研究中心為一非政府民間組織，成立於一九九一年，旨在建立台灣自然史、設置自然及環保資料庫或標本館、進行環境生態調查計畫、出版有關刊物及推廣環保教育等。在二〇〇三年改名為台灣生態學會。

**台灣永續聯盟／http://www.tsu.twmail.cc/**

前身為永續台灣雲嘉聯盟，是由雲嘉地區十幾個關心台灣永續發展的團體結盟組成，成立於一九九七年。其旨在以聯盟作為凝聚民眾力量的平台，共同守護自己的土地。二〇〇二年成立全國性社團法人團體，定名為台灣永續聯盟。

**台灣部落格協會／http://tba.tw/**

由多位形象鮮明的台灣知名部落客，號召各地部落客，運用網路傳播力來推廣台灣主體論述的非營利組織。

**台灣媒體觀察教育基金會／http://www.mediawatch.org.tw/**

由台大法律系賀德芬教授集結學術界、新聞界於一九九九年九月成立的組織。是台灣第一個媒體觀察的非營利組織。以「維護新聞自由、落實媒體正義、促進媒體自律、保障人民知之權利」為宗旨，結合民間機構及專家學者，進行媒體觀察與監看。

**台灣媽祖魚保育聯盟／http://twsousa.blogspot.tw/**

成立於二〇〇七年，由七個環保團體共同發起，以民間力量推動媽祖魚保育行動，並不斷致力於推廣生態保育觀念、監督政府保育政策。

**台灣農村陣線**／http://www.taiwanruralfront.org/

針對台灣農業及土地議題發聲的社會運動團體。二〇〇八年十二月，中華民國立法院無預警地一讀通過《農村再生條例》，使一群原本無具體組織的農民、農村工作者、學者和學生等各界人士開始串聯，針對條例進行研究，而後參與各地農地徵收自救會，深入農村作田野調查，並走上街頭進行抗議，希望政府和社會可以正視台灣的農村發展、農業生產與農民生計。

**台灣環境保護聯盟**／http://www.tepu.org.tw/

成立於一九八七年十一月，結合關心台灣環境人士一起推展環境保護運動、維護台灣生態。主張環境保護乃全體人類之責任，致力於推動環保運動、反核運動等，研究政策並推動相關立法，進行教育宣導與理念推廣。

**台灣蠻野心足生態協會**／http://zh.wildatheart.org.tw/

由原籍美國的文魯彬（Robin J. Winkler）律師於二〇〇三年所創立，是一環境法律團體、希望透過訴訟、立法和行政救濟等法律途徑維護公共利益，達到環境、生態保護之目的。

**大埔自救會**／

起因於苗栗縣政府計畫擴大新竹科學園區竹南基地，強制徵收大埔農地。當地居民集結組成自救會，討論應變措施與行動，舉行記者會、發聲明稿、發起連署活動、進行陳情抗議等。

**主婦聯盟環境保護基金會／http://www.huf.org.tw/**

一九九八年，一群主婦有感於社會型態的急遽變遷，決心從自己做起，結合婦女力量關懷社會，倡議生活環保、綠色消費、安全飲食、非核家園。

**全國青年反國光石化聯盟／http://fangyuan-tache.blogspot.tw/**

二〇一〇年夏天，台灣農村陣線夏耘草根調查營的農村訪調成員，在王功、芳苑的實地訪查後，開始關心對當地影響甚鉅的國光石化開發議題。與蠻野心足、清大環境議題小組、台灣農村陣線、法農青年、台灣青年綠人、反中科熱血青年、相思寮後援會、台大農村實踐小組等團體進行串聯，自發組成之聯盟，投入反國光石化運動。成員大多為大學生及研究生。

**芳苑反汙染自救會／**

反國光石化的民間組織之一，以各種形式抗爭，堅決反對高汙染產業進駐當地。對於溼地保留與溼地未來發展亦投入相當高之關注。

**地球公民基金會／http://www.cet-taiwan.org/**

推展環境保護的公益團體，二〇一〇年由大眾捐款而立案。基金會業務包括：檢視與促進社會制度的變革，促進公民參與環境決策，透過調查研究為環境問題提供解決方案，以及推廣環境教育。

**社團法人台灣環境資訊協會／http://klriver.ngo.org.tw/**

成立於二〇〇一年，致力於環境資訊交流與環境信託。協會架設有「環境資訊中心」網站，為台灣環境新聞與環境資料庫平台。

**社團法人彰化縣環境保護聯盟／http://cepu49.webnode.tw/**

一九八七年於鹿港反杜邦時成立，原為台灣環保聯盟彰化分會。二〇一〇年成為正式社團組織。以結合關心環境保護人士與團體，推展環保理念，維護台灣生態環境為宗旨。

**荒野保護協會／https://www.sow.org.tw/**

一九九五年由民眾自發組成的環境保護團體，以關懷台灣為出發點，致力以全民參與的方式，透過自然教育、棲地保育與守護行動，推動台灣及全球荒野保護的工作。

**彰化縣養殖漁業發展協會／http://www.wangkung.tw/zh/company.html**

二〇〇一成立，旨為透過協會將轄內生產區作共享，並提供在地漁業永續發展協助。

**彰化海岸保育行動聯盟／http://www.flickr.com/photos/waders/**

彰化海岸擁有全台灣獨一無二、面積最大的泥質潮間灘地，聯盟以研究海岸與水鳥生態為基礎，提供海岸生態議題訓練與生態紀錄，推動彰化海岸保育行動。

**雲林縣野鳥學會／http://www.bird.org.tw/yunlin/cpsub/sub.php**

一九九九年十月，由一群熱衷賞鳥的教師發起籌組，成立於斗六市保長國小。以野鳥之欣賞、研究及保育為宗旨，進行生態保育的教育推廣，同時進行長期調查計畫，以期建立雲林地區鳥類資料庫。

**福爾摩莎鯨保育研究小組／**

自二〇〇二年開始觀察白海豚，進行鯨豚生態研究與記錄。希望喚醒更多人加入白海豚保育行列，認為唯有改善法律與生態環境，鯨豚的未來才可能出現曙光。

**青年樂生聯盟／http://happylosheng.blogspot.tw/**

二〇〇四年成立，當時來自全國各地的醫學系學生到樂生療養院參與為期兩天的青年樂生營，在活動過程中對於樂生療養院所代表的人權與文化意義有了深入認識，因而於活動結束後成立聯盟，希望能夠保留台灣珍貴的醫療古蹟。經過數年來的抗爭，雖然成員陸續有所更動，但這個以學生為骨幹的團體在漫長的樂生保留運動中始終扮演著重要角色。

**基督徒關懷樂生聯盟／http://christforlosheng.blogspot.tw/**

七十幾年前，加拿大籍的宣教士戴仁壽（George Gushue-Taylor）以自願隔離的方式收容樂生病患，讓患者得以保有自尊與自由。七十年後，台北縣政府與捷運局以粗暴的方式迫遷樂生院居民，這樣的方式讓一群關心社會的基督徒決定站出來，呼籲政府能公開審議保存樂生院的方案，期待延續戴仁壽牧師的精神，為這些樂生院民爭取應有的權益。

**樂生保留自救會／**

二〇〇五年成立，當時樂生院正面臨拆遷危機，為了爭取自身權益，樂生院民自發性組成自救會，所有成員皆為樂生院區的住戶，希望透過正式的組織，除了對外傳達院民真實的心聲，同時也與來自社會各界的聲援團體相互串聯，共同守護樂生院。

**樂生高中聯盟／http://loshenghigh.blogspot.tw/**

簡稱樂高聯。二〇〇七年由幾個大同高中、師大附中的學生所組成。新莊人要捷運萬人遊行過後，支持與反對拆遷樂生行動的雙方對立關係瞬間被激化到最高點，因此這些高中生主動發起許多活動，如校園連署支持樂生、街頭行動劇、母親節送康乃馨至樂生院等，希望能讓更多人認識真實的樂生院，同時也消弭外界的誤解。

**樂生動物部落／http://happyloshenganimal.blogspot.tw/**

樂生院內有許多的流浪狗、貓，長久以來牠們與樂生院民比鄰而居，卻也不免衍生許多環境問題，於是一群熱愛動物的志工走進樂生院區，除了聲援樂生保留，也積極照顧當地的流浪動物，並以募款的方式為動物做醫療檢查、結紮，並負擔起環境衛生維護等工作。

**樂生傳播青年聯盟／**

因不滿部分主流媒體對樂生保留運動的報導不足、偏頗，甚至不斷製造對立、強調衝突，導致院民與新莊市民的對立情緒不斷升高，因此一群以全國新聞傳播系所為主的學生發起串聯行動，除了聲援樂生，同時也呼籲主流媒體應該肩負起應有的社會責任。

**台灣勞工陣線協會／https://sites.google.com/a/labor.ngo.tw/labor/**

前身是台灣勞工法律支援會以及台灣勞工運動支援會，長期支援勞工處理勞資爭議事件。一九九二年改名台灣勞工陣線，致力於「工運的社會化」。勞陣拋出的種種議題，如大量失業、全民健保、國民年金、新國有政策、產業民主等等，都成為全國辯論的重要議題。一九九九年再度改名為台灣勞工陣線協會，其關懷範圍擴大至全球化轉型所帶來的勞工和階級問題。

**MakeITFair／http://makeitfair.org/en/about-us**

MakeITFair是歐洲的公民團體，專注於電子行業中虐待勞工和環境汙染問題。他們希望世界各地的年輕人了解電子產品所帶來的影響並參與改善行列，主張要求電子產業大品牌公司承擔責任，監督供應鏈中虐待勞工和環境的破壞事件。

**高科技冷血青年／http://cold-tech.blogspot.tw/2010/05/blog-post_11.html**

由於近年台灣連續爆發的高科技產業受害事件，讓一群學生以及長期參與公民社會的運動者，開始關注台灣高科技產業長期被媒體吹捧的亮麗形象背後所造成的壓迫和傷害。他們不反對高科技，而是反對犧牲最弱小、貧困的一群人，來創造大企業產值的冷血高科技。

**桃園縣產業總工會／**

二〇〇五年十二月十六日，由二十一家工會擔任籌備委員的桃園縣產業總工會正式成立，並召開第一次會員大會。成立宣言中，分析了朝野政黨的階級屬性，並說明在這樣的狀況下，台灣勞工的未來將持續惡化，因此桃產總認為應以基礎工會為核心，促進台灣勞工政治力量的凝聚。於二〇〇七年七月，桃產總與其他工會組織組成團結工聯。

**桃園縣群眾服務協會／http://www.spa.org.tw/**

二〇〇八年初，長期於台北市、桃園縣兩地協助勞工處理勞資爭議的王耀梓，有鑑於桃園縣未出現重視勞工權益的民間協調機構，與杜光宇兩人決定爭取其他工會幹部或個別勞工的認同，化困境為契機，共同發起協會的籌組。

**反反反行動聯盟／**

為台東在地藝術家及部落居民共同組成的反美麗灣團體。

**財團法人小米穗原住民文化基金會／http://www.millet.org.tw/**

致力於原住民族權益的團體，由法律、民族和文化等專家學者所組成，於二〇〇二年成立。基金會業務包括：維護原住民族權益，推廣與保存文化，授與各類研究獎助學金，舉辦相關議題論壇等。

**狼煙行動聯盟**／http://tw.myblog.yahoo.com/hunter-motion/profile

由原住民各族群共同組成的東部族群聯盟，自二〇〇七年開始，在每年二月二十八日發起串聯全國原住民部落聯合施放狼煙的行動，向中華民國政權爭取傳統領域與自然主權，訴求政府落實原住民轉型正義。

**台灣性別平等教育協會**／http://www.tgeea.org.tw/index.php

Taiwan Gender Equity Education Association，TGEEA。二〇〇二年十一月成立的全國性社團法人民間團體，致力推動落實性別平等教育。成員多為基層教師、學者專家、大學生和研究生，還有社工、心理師、醫師，以及藝文界和民間團體工作者。

**台灣同志遊行聯盟**／https://www.facebook.com/Taiwan.LGBT.Pride

由台灣同志與性別團體創立之非營利組織。台灣同志遊行於二〇〇三年開始舉辦。二〇〇四年台灣同志遊行聯盟成立，自主籌辦每年的台灣同志遊行，目前已成為亞洲區規模最大的同志遊行。

**中台灣同志遊行聯盟／http://twlgbt.zapto.org/**

主要由中部性別團體聯盟以及大台中市政監督聯盟聯合而成，籌辦中台灣同志遊行。中部性別團體聯盟包括：中部同心圓、逢甲大學性別友善社、東海大學同伴社等；大台中市政監督聯盟包括：台灣青年基金會、原鄉文化協會、臉書愛讀志工團等。

**高雄同志遊行聯盟／http://khpride6.pixnet.net/blog**

台灣同志活動興起時，地點多舉辦在台北，近年來逐漸擴展到中南部各地，二〇一一年高雄正式成立同志遊行聯盟。每年以募款、招募志工等方式來籌辦同志遊行。

**社團法人台灣同志諮詢熱線協會／http://www.hotline.org.tw/front/bin/home.phtml**

一九九八年三月，一位青少年同志自殺的新聞，讓幾位同志運動的參與者感到心痛與震驚，決定成立長期、固定的機構，專為弱勢同志服務，提供社群尋求認同與情感支持的管道，同志諮詢熱線在台北公館正式成立。

**真愛聯盟／http://tulv.tw/**

一群反對教育部於性別平等教育課綱中，加入認識同志議題之人士，在網路上以台灣真愛聯盟名義發起反同志教育聯署。

## 特別感謝曾經參與過公民行動影音紀錄資料庫的朋友

**計畫主持人：**管中祥

**參與人：**楊鵑如、陳家豐、施琬妤、游朝淵、鄭名翔、羅真、大暴龍、黃勻祺、吳宛倫、李怡慧、王昀燕、林倩、陳琬尹、張心華、鄭國威、郭安家、趙中慧、EM、楊宗興、平烈浩、余涵、李宜霖、蔡宜均、江哲淵、黃馨慧、蔡明倫、黃怡菁、陳韋綸、黃招勤、高佩瑤、鄧雅方、許婉鈴、陳曉雯、王韋亭、胡孟瑀、許鋒彬、陳雅萱、蔡蕙如、鄧郁馨、何思瑩、許筱珮、盧美靜、李怡瑩、黃泓瑜、李子瑋

**照片提供：**公民行動影音紀錄資料庫、台灣農村陣線

本書輯錄之內容僅為近年台灣社會議題概要，藉這部作品，我們向所有懷抱社會正義，參與公民行動的朋友致敬。若欲詳細了解各項議題與行動始末，請上網至：

公民行動影音紀錄資料庫 http://www.civilmedia.tw/

# 公民不冷血

## 新世紀台灣公民行動事件簿

經典增修版


作者　公民行動影音紀錄資料庫
主編　管中祥
編輯　吳致良、郭正偉
封面設計　李君慈
內文排版　陳恩安
總編輯　劉粹倫
發行人　劉子超
出版者　紅桌文化／左守創作有限公司
10464 臺北市中山區大直街117號5樓
02-2532-4986
undertablepress@gmail.com
經銷商　高寶書版集團
11493 臺北市內湖區洲子街88號3樓
02-2799-2788
印刷　約書亞創藝有限公司
ISBN　978-986-91148-7-5
書號　ZE0118
2015年11月初版　新臺幣 300元




國家圖書館出版品預行編目(CIP)資料

公民不冷血：新世紀台灣公民行動事件簿（經典增修版）／公民行動影音紀錄資料庫著；管中祥主編. -- 初版. -- | 臺北市：紅桌文化, 2015.11 | 288 面；14.8*21 公分 | ISBN 978-986-91148-7-5（平裝） | 1. 社會運動 2. 文集 3. 臺灣 | 541.4507 104022148